RENÉE MAUPERIN

DES MÊMES AUTEURS

LES HOMMES DE LETTRES, 1 volume.
SOEUR PHILOMÈNE, 1 volume.

EN PRÉPARATION :

GERMINIE LACERTEUX.

EDMOND ET JULES DE GONCOURT

RENÉE MAUPERIN

PARIS

CHARPENTIER, LIBRAIRE-ÉDITEUR

28, QUAI DE L'ÉCOLE

1864

Réserve de tous droits.

RENÉE MAUPERIN

A

THÉOPHILE GAUTIER

RENÉE MAUPERIN

I

— Vous n'aimez pas le monde, mademoiselle?
— Vous ne le direz pas? J'y avale ma langue... Voilà l'effet que me fait le monde, à moi. Peut-être ça tient à ce que je n'ai pas eu de chance. Je suis tombée sur des jeunes gens sérieux, des amis à mon frère, des jeunes gens *à citations,* comme je les appelle. Les jeunes personnes, on ne peut leur parler que du dernier sermon qu'elles ont entendu, du dernier morceau de piano qu'elles ont étudié, ou de la dernière robe qu'elles ont mise : c'est borné, l'entretien avec mes contemporaines.
— Vous restez, je crois, toute l'année à la campagne, mademoiselle?
— Oui... Oh! nous sommes si près de Paris... Est-ce joli, ce qu'on a joué à l'Opéra-Comique ces jours-ci? Avez-vous vu?
— Oui, mademoiselle, charmant... une musique

d'une *maestria*... Il y avait tout Paris à la première représentation. Je vous dirai que je ne vais qu'aux premières.

— Figurez-vous que c'est le seul spectacle où on me mène, l'Opéra-Comique... avec les Français... et encore aux Français, quand on y joue des chefs-d'œuvre... C'est moi qui trouve ça tannant, les chefs-d'œuvre!... Penser qu'on me défend le Palais-Royal!... Je lis les pièces, par exemple... J'ai passé un temps à apprendre les *Saltimbanques* par cœur... Vous pouvez aller partout, vous... vous êtes bien heureux... L'autre soir, il y a eu une discussion entre ma sœur et mon beau-frère, pour le bal de l'Opéra... Est-ce que c'est vrai que c'est impossible d'y aller?

— Impossible, mademoiselle?... Mon Dieu...

— Voyons, si vous étiez marié, est ce que vous y mèneriez votre femme... une fois... pour voir?

— Si j'étais marié, mademoiselle, je n'y mènerais même pas..,

— Votre belle-mère, n'est-ce pas?... C'est si affreux, vraiment?

— Mais, mademoiselle, il y a d'abord une composition...

— Panachée? Je connais ça. Mais c'est partout... On va bien à la Marche... Et il y en a là une composition, Dieu merci! des dames... un peu drôles... qui boivent du champagne dans les calèches... Et le bois de Boulogne, donc!... Que c'est bête d'être jeune personne, vous ne trouvez pas?

— Par exemple, mademoiselle ! Pourquoi donc ? Je trouve, au contraire...

— Je voudrais vous y voir ! Vous verriez ce que c'est que cette scie-là, la scie d'être convenable ! Tenez, nous dansons, n'est-ce pas ? Vous croyez que nous pouvons causer avec notre danseur ? Oui, non, non, oui... voilà tout ! Il faut pincer le monosyllabe tout le temps... C'est convenable ! Voilà l'agrément de notre existence... Et pour tout, c'est comme ça... Ce qui est très-convenable, c'est de faire la grue... Moi, je ne sais pas... Et puis de rester à bavardichonner avec les personnes de son sexe... Quand on a le malheur de les lâcher pour la société des hommes... j'ai été assez grondée pour ça par maman ! Une chose encore qui n'est pas convenable du tout, c'est de lire. Il n'y a que deux ans qu'on me permet les feuilletons dans le journal... Il y a dans les *Faits divers* des crimes qu'on me fait sauter : ils ne sont pas assez convenables... C'est comme les talents d'agrément qu'on nous permet... il ne faut pas que ça dépasse une certaine petite moyenne : au delà du morceau à quatre mains et de la mine de plomb, ça devient du genre, de la pose... Tenez ! je fais de l'huile, moi ; ça désole ma famille... Je ne devrais peindre que des roses à l'aquarelle... Mais il y a du courant ici, n'est-ce pas ? On a peine à se tenir...

Ceci était dit dans un bras de la Seine, entre la Briche et l'île Saint-Denis.

La jeune fille et le jeune homme qui causaient ainsi étaient dans l'eau. Las de nager, entraînés par le courant, ils s'étaient accrochés à une corde amarrant un des gros bateaux qui bordaient la rive de l'île. La force de l'eau les balançait tous deux doucement, au bout de la corde tendue et tremblante. Ils enfonçaient un peu, puis remontaient. L'eau battait la poitrine de la jeune fille, s'élevait dans sa robe de laine jusqu'à son cou, lui jetait par derrière une petite vague qui n'était, un moment après, qu'une goutte de rosée prête à tomber du bout de son oreille. Attachée un peu plus haut que le jeune homme, elle avait les bras en l'air, les poignets retournés pour mieux tenir la corde, le dos contre le bois noir du bateau. Un instinct de pudeur faisait fuir à tout moment son corps devant le corps du jeune homme, chassé contre elle par le courant. Elle ressemblait ainsi, dans sa pose suspendue et fuyante, à ces divinités de la mer enroulées par les sculpteurs aux flancs des galères. Un petit tremblement, qui lui venait du mouvement de la rivière et du froid du bain, lui donnait quelque chose de l'ondulation de l'eau.

— Ah! voilà, par exemple, — reprit-elle, — ce qui ne doit pas être convenable du tout, de nager avec vous... Nous serions aux bains de mer, ce serait bien différent. Nous aurions des costumes absolument comme ça... Nous descendrions d'une cabine comme nous sommes descendus de la maison. Nous aurions marché sur la plage comme nous avons marché sur la berge... Nous serions dans l'eau jusque-là, absolument comme ici... La vague nous roulerait de la même façon que ce courant... Mais ce ne serait plus du tout la même chose, plus du tout : l'eau de la Seine n'est pas convenable ! Tiens ! je commence à avoir une faim... Et vous ?

— Mais, mademoiselle, je crois que je ferai honneur au dîner...

— Ah ! je vous préviens, je mange.

— Comment cela, mademoiselle ?

— Oui, je manque de poésie à l'heure des repas... Je vous cacherais que j'ai un estomac, que je vous tromperais... Vous êtes du même cercle que mon beau-frère ?

— Oui mademoiselle, je suis du même cercle que M. Davarande.

— Avez-vous beaucoup de gens mariés à votre cercle ?

— Mais beaucoup, mademoiselle.

— C'est singulier... Je ne m'explique pas comment un homme se marie. Si j'avais été homme, il me semble que je n'aurais jamais pensé à me marier...

— Heureusement que vous êtes femme, mademoiselle !...

— Ah ! oui, voilà encore un de nos malheurs : nous ne pouvons pas rester garçons, nous autres... Mais voulez-vous me dire pourquoi on se met d'un cercle quand on est marié ?

— Mais, mademoiselle, il faut être d'un cercle, d'abord, à Paris... Tout homme un peu bien... quand ce ne serait que pour y aller fumer...

— Comment ! il y a donc encore des femmes sans compartiment pour les fumeurs ? Moi, je permettrais... je permettrais la pipe d'un sou !

1.

— Avez-vous des voisins, mademoiselle ?

— Oh ! nous voisinons très-peu..... Il y a les Bourjot, à Sannois, où nous allons quelquefois.

— Ah ! les Bourjot..... Mais, ici, il ne doit y avoir personne à voir ?

— Oh ! il y a le curé..... Ah ! ah ! la première fois qu'il a dîné à la maison, il a avalé son rince-bouche ! Ah ! c'est méchant ce que je dis là...... un si brave homme..... qui m'apporte toujours des bouquets...

— Vous montez à cheval, mademoiselle ? Ce doit être pour vous une grande distraction.

— Oui, j'adore ça. C'est mon grand plaisir. Il me semble que je ne pourrais pas m'en passer..... Ce que j'aime surtout, c'est une chasse à courre..... J'ai été élevée là dedans, dans le pays de papa... Oh ! je suis une enragée... Savez-vous que je suis restée un jour sept heures à cheval sans descendre ?

— Oh ! je sais ce que c'est, mademoiselle... Je chasse à courre tous les ans, dans le Perche, avec la meute de M. de Beaulieu... Vous en avez peut-être entendu parler ? une meute qu'il a fait venir d'Angleterre... Nous avons eu l'année dernière trois curées chaudes admirables... Vous avez ici les chasses de Chantilly...

— Je n'en manque pas une avec papa... La dernière fois, voyez-vous, ç'a été superbe... Il y a eu un moment, quand tout le monde s'est rejoint... il y avait bien quarante chevaux... vous savez, ça les excite d'être ensemble... on est parti d'un train de galop...

je ne vous dis que ça! C'est ce jour-là que nous avons eu un si beau coucher de soleil dans l'étang... L'air, le vent dans les cheveux, les chiens, les fanfares, les arbres qui vous volent devant les yeux... c'est comme si on était grise! Dans ces moments-là, je suis brave, mais brave...

— Dans ces moments-là seulement, mademoiselle?

— Oh! mon Dieu, oui... seulement à cheval... car à pied... je vous dirai que j'ai très-peur la nuit, que je n'aime pas du tout le tonnerre... et que je suis joliment contente qu'il y ait trois personnes qui nous manquent ce soir à dîner.

— Et pourquoi, mademoiselle?

— Nous aurions été treize!... C'est moi qui aurais fait des bassesses pour avoir un quatorzième... vous auriez vu!... Ah! voilà mon frère avec Denoisel, qui vont nous amener le bateau. Regardez donc comme c'est beau d'ici, tout ça, à cette heure-ci...

Et d'un regard elle indiqua la Seine, les deux rives, le ciel.

De petits nuages jouaient et roulaient à l'horizon, violets, gris, argentés, avec des éclairs de blanc à leur cime qui semblaient mettre au bas du ciel l'écume du bord des mers. De là se levait le ciel, infini et bleu, profond et clair, splendide et déjà pâlissant, comme à l'heure où les étoiles commencent à s'allumer derrière le jour. Tout en haut, deux ou trois nuages planaient, solides, immobiles, suspendus. Une immense lumière coulait sur l'eau, dormait ici, étincelait là, faisait trembler des moires d'argent dans l'ombre des bateaux, touchait un mât, la tête d'un gouvernail, accrochait au passage le madras orange ou la casaque rose d'une laveuse.

La campagne, le faubourg et la banlieue se mêlaient sur les deux rives. Des lignes de peupliers se montraient entre les maisons espacées comme au bout d'une ville qui finit. Il y avait des masures basses, des enclos de planches, des jardins, des volets verts, des commerces de vins peints en rouge, des acacias devant des portes, de vieilles tonnelles affaissées d'un côté, des bouts de mur blanc qui aveuglaient; puis des lignes sèches de fabriques, des architectures de brique, des toits de tuile, des couvertures de zinc, des cloches d'ateliers. Des fumées montaient tout droit des usines, et leurs ombres tombaient dans l'eau comme des ombres de colonnes. Sur une cheminée était écrit : *Tabac*. Sur une façade en gravois, on lisait : *Doremus, dit Labiche, relayeur de bateaux*. Au-dessus d'un canal encombré de chalands, un pont tournant dressait en l'air ses deux bras noirs. Des pêcheurs jetaient et retiraient leurs lignes. Des roues criaient, des charrettes allaient et venaient. Des cordes de halage rasaient le chemin rouillé, durci, noirci, teint de toutes couleurs, par les décharges de charbon, les résidus de minerais, les dépôts de produits chimiques. Des fabriques de bougies, des fabriques de glucose, des féculeries, des raffineries semées sur le quai, au milieu de maigres verdures, il sortait une vague odeur de graisse et de sucre, qu'emportaient les émanations de l'eau et les senteurs du goudron. Des tapages de fonderie, des sifflets de machines à vapeur déchiraient à tout instant le silence de la rivière. C'était à la fois Asnières, Saardam et Puteaux, un de ces paysages parisiens des bords de la Seine, tels que les peint Hervier, sales et rayonnants, misérables et gais, populaires et vivants, où la Nature passe çà et là, entre la bâtisse, le travail et l'industrie, comme un brin d'herbe entre les doigts d'un homme.

— N'est-ce pas, c'est beau ?

— Mon Dieu, mademoiselle, franchement, ça ne m'enthousiasme pas... C'est beau... jusqu'à un certain point.

— Si, c'est beau ! Je vous assure que c'est beau... Il y a eu à l'Exposition, il y a deux ans, un effet dans ce genre-là... Ah ! je ne sais plus... C'était ça... Moi, il y a des choses que je sens...

— Ah ! vous êtes une nature artiste, mademoiselle...

— Ouf ! — fit à ce mot l'interlocutrice du jeune homme avec une intonation comique.

Et elle se précipita dans l'eau. Quand elle reparut, elle se mit à nager vers la barque qui venait à sa rencontre. Ses cheveux, qui s'étaient dénoués, trempaient en flottant à demi derrière elle : elle les secouait pour en faire jaillir des gouttes d'eau.

Le soir venait. Le ciel se rayait lentement de rose. Un souffle s'était levé sur la rivière. Au haut des arbres, les feuilles frissonnaient. Un petit moulin qui servait d'enseigne à la porte d'un cabaret commençait à tourner.

Comme la nageuse abordait à l'escalier placé à l'arrière de la barque :

— Eh bien! Renée, comment avez-vous trouvé l'eau? — lui dit un des rameurs.

— Mais bonne, je vous remercie, Denoisel.

— Tu es gentille, par exemple, lui dit l'autre, — — tu vas au diable... J'étais presque inquiet... Et Reverchon?... Ah! oui, le voilà.

II

Charles-Louis Mauperin était né en 1787. Fils d'un avocat renommé et honoré dans la Lorraine et le Barrois, il entrait au service à l'âge de seize ans, en qualité d'élève à l'École militaire de Fontainebleau. Nommé sous-lieutenant au 35ᵉ régiment d'infanterie de ligne, puis lieutenant au même corps, il se signalait en Italie par un courage à toute épreuve. Au combat de Pordenone, déjà blessé, entouré par une masse de cavalerie ennemie et sommé de mettre bas les armes, il répondait à la sommation en ordonnant de charger l'ennemi, tuait de sa main un des cavaliers qui le menaçaient et s'ouvrait un passage avec ses hommes, lorsque, succombant au nombre, frappé à la tête de deux nouveaux coups de sabre, il tombait dans son sang et était laissé pour mort. De capitaine au 2ᵉ régiment de la Méditerranée, il passait capitaine aide de camp du général Roussel d'Hurbal, et faisait avec lui la campagne de Russie, où il avait l'épaule droite cassée d'un coup de feu le lendemain de la bataille de la Moskova. A vingt-six ans, en 1813, il était officier de la Légion d'honneur et chef d'escadron. Dans l'armée, on le comptait parmi les jeunes officiers supérieurs qui avaient le plus bel avenir, lorsque la bataille de Waterloo brisait son épée et ses espérances. Mis en demi-solde, il entrait avec les colonels Sauset et Maziau dans la conspiration bonapartiste du *Bazar français*. Condamné à mort par contumace, comme membre du comité directeur, par la Chambre des pairs, constituée en cour de justice, il était caché par des amis qui l'embarquaient pour l'Amérique. Pendant la traversée, ne sachant comment occuper l'activité de sa tête, il étudiait pour un compagnon de voyage qui allait se faire recevoir médecin en Amérique, et passait en arrivant ses examens pour lui. Au bout de deux ans de séjour aux États-Unis, la fraternelle amitié et la haute influence de camarades rentrés dans le service actif lui obtenaient sa grâce et sa rentrée en France. Il revenait et allait habiter, dans la petite ville de Bourmont, la maison de famille où demeurait sa mère. Cette mère était une excellente vieille femme comme en faisait le dix-huitième siècle en province, ayant le mot pour rire et n'ayant pas peur d'un doigt de vin. Son fils l'adorait. Il la retrouva malade d'une maladie qui lui avait fait défendre par les médecins tous les excitants : il renonçait au vin, aux liqueurs, au café, pour ne pas la tenter et faire sa privation plus douce en la partageant. Ce fut par condescendance pour elle, par pieux respect pour ses désirs de malade, qu'il se maria. Il épousa sans grand goût une cousine désignée au choix de sa mère par une mitoyenneté de propriété, par des terres bout à bout, par tout ce qui renoue et recroise, en province, les familles et les fortunes.

Sa mère morte, à l'étroit dans cette petite ville où rien ne le retenait plus, M. Mauperin, auquel le séjour de Paris était interdit, vendait la maison de Bourmont, les petits terrages qu'il avait dans le pays, à l'exception d'une ferme à Villacourt, et allait vivre avec sa jeune femme dans une grande propriété qu'il achetait au fond du Bassigny, à Morimond. Il eut là les restes de la grande abbaye, un morceau de terre digne du nom que lui avaient donné les moines : *Mortau-monde*, un coin de nature agreste et magnifique finissant à un étang de cent arpents et à une forêt de chênes qui n'avait plus d'âge, des prés serrés dans des canaux de pierre de taille où l'eau vive coulait sous des berceaux d'arbres, une végétation de désert abandonnée à elle-même depuis la Révolution, des sources dans des ombres, des fleurs sauvages, des sentiers de bêtes, des ruines de jardin sur des ruines de bâtiment. Çà et là des pierres survivaient. Il restait la porte, les bancs où l'on donnait la soupe aux mendiants; ici, l'abside d'une chapelle sans toit, là, les sept étages de murs à la Montreuil. Le pavillon de l'entrée, bâti au commencement du siècle dernier, était seul encore debout, entier, presque intact : ce fut là que M. Mauperin s'établit.

Il y vécut jusqu'en 1830, solitaire et abîmé dans l'étude, plongé dans la lecture, en tirant une éducation immense, un savoir en tout sens, se remplissant des historiens, des philosophes, des politiques, et fouillant à fond toutes les sciences industrielles. Il ne quittait ses livres que pour prendre l'air, se rafraîchir la tête, se lasser le corps, par des promenades de six lieues à travers champs ou à travers bois. On avait dans le pays l'habitude de le voir aller ainsi : de loin les paysans reconnaissaient son pas, sa longue redingote boutonnée, ses grandes jambes d'officier de cavalerie, sa tête qu'il penchait un peu, le *paisceau* arraché à une vigne qui lui servait de canne.

De cette vie laborieuse et cachée, M. Mauperin sortait à l'époque des élections : il paraissait alors sur tous les points du département. Il courait en carriole, il enflammait au feu de sa voix de soldat les réunions d'électeurs, il commandait la charge sur les candidats de l'administration : c'était encore la guerre pour lui. Puis, l'élection faite, quittant Chaumont, il revenait à ses habitudes et rentrait dans l'obscure tranquillité de ses études. Deux enfants lui venaient, un garçon en 1826, une fille en 1827. La révolution de 1830 arrivait; il était nommé député. Il arrivait à la Chambre avec des théories américaines qui le rapprochaient d'Armand Carrel. Sa parole vive, brusque, martiale, et toute pleine de choses, faisait sensation. Il devenait un des inspirateurs du *National*, dont il avait été un des premiers actionnaires, et lui soufflait des articles d'attaque sur le budget, sur les finances. Les Tuileries lui faisaient des avances; d'anciens camarades, devenus aides de camp du nouveau roi, le tâtaient avec la promesse d'une haute position militaire, d'un commandement, d'un avenir pour lequel il était encore assez jeune. Il refusait net. En 1832, il signait la protestation des députés de l'opposition contre les mots : *sujets du roi*, prononcés par M. de Montalivet, et il bataillait contre le système jusqu'en 1835.

Cette année-là, sa femme lui donnait un enfant, une petite fille, dont la venue lui remuait les entrailles. Ses deux premiers enfants ne lui avaient donné qu'une joie froide, un bonheur sans égayement; quelque chose leur avait manqué, qui fait l'épanouissement d'un père et le rire d'un foyer. Tous deux s'étaient fait aimer de M. Mauperin sans s'en faire adorer. L'espérance du père de se réjouir en eux avait été déçue. Au lieu du fils qu'il avait rêvé, bien enfant, un gamin, un polisson, un de ces jolis diables dans lesquels les vieux militaires retrouvent la jeunesse de leur sang et comme le bruit de la poudre, M. Mauperin avait eu affaire à un marmot raisonnable, à un petit garçon bien sage, « à une demoiselle, » comme il disait; et ç'avait été pour lui une grande tristesse, mêlée de quelque honte, d'avoir pour héritier ce petit homme qui ne cassait pas ses joujoux. Avec sa fille, M. Mauperin avait eu le même ennui : elle était de ces petites filles qui naissent femmes. Elle semblait jouer avec lui pour l'amuser. A peine si elle avait eu une enfance. A cinq ans, quand un monsieur venait voir son père, elle courait se laver les mains. Il fallait l'embrasser à certaines places : on eût dit qu'elle était venue au monde avec la crainte d'être chiffonnée par les caresses et le cœur d'un père.

Ainsi refoulées, longuement amassées et concentrées, toutes les tendresses de M. Mauperin allèrent au berceau de la nouvelle venue qu'il avait appelée Renée, du nom lorrain de sa mère. Il passait ses journées avec sa petite Renée en bêtises divines. A tout moment, il lui ôtait son bonnet pour voir ses petits cheveux de soie. Il lui apprenait de petites grimaces qui le ravissaient. Il lui montrait à faire voir sa graisse en pinçant avec ses petits doigts la chair de ses petites cuisses. Il se couchait à côté d'elle sur le tapis où elle se roulait, à demie nue, avec la jolie inconscience des enfants. La nuit, il se relevait pour la regarder dormir, et passait des heures à écouter ce premier souffle de la vie, pareil à l'haleine d'une fleur. Quand elle s'éveillait, il venait lui prendre son premier sourire, ce sourire des toutes petites filles qui sort de la nuit comme d'un paradis. Son bonheur, à tout instant, se fondait en délices : il lui semblait aimer un petit ange.

Quelles joies il avait avec elle à Morimond! Il la traînait autour de la maison, dans une petite voiture, et, à chaque pas, il se retournait pour la voir criant à force de rire, du soleil sur la joue, son petit pied rose, souple et tordu, dans sa main. Ou bien il l'emportait dans ses promenades. Il allait jusqu'à un village, faisait envoyer par l'enfant des baisers aux gens qui le saluaient, entrait chez un fermier auquel il montrait les belles « *quenottes* » de sa fille. Dans la route, souvent l'enfant s'endormait dans ses bras comme dans des bras de nourrice.

D'autres fois, il l'emmenait dans la forêt, et là, sous les arbres pleins de rouges-gorges et de rossignols, à ces heures de la fin du jour où il y a des voix dans les bois au-dessus des chemins, il ressentait d'ineffables douceurs à entendre son enfant, pénétrée de tout ce bruit dans lequel il marchait, chercher des sons, murmurer, bégayer, comme pour répondre aux oiseaux et parler au ciel qui chantait.

Madame Mauperin, elle, n'avait point si bien accueilli cette dernière fille. Bonne femme, bonne mère, madame Mauperin était dévorée de cet orgueil de la province, l'orgueil de l'argent. Elle s'était arrangée pour avoir deux enfants ; le troisième était mal venu d'elle, comme dérangeant la fortune des deux autres, comme rognant surtout la part de son fils. La division des terres réunies, le partage des biens amassés, et par là une déchéance future de position sociale, une diminution de la famille dans l'avenir, voilà ce que cette petite fille représentait à sa mère.

M. Mauperin bientôt n'eut plus de repos : la mère de famille sans cesse donna l'assaut à l'homme politique, rappelant au père qu'il se devait à la fortune de ses enfants. Elle essayait de le détacher de ses amis, de son parti, de sa fidélité à ses idées. Elle se riait de ses *nigauderies*, qui l'empêchaient de tirer parti de sa position. Ce furent tous les jours des attaques, des obsessions, des reproches, la terrible bataille du pot-au-feu contre une conscience de député de l'opposition. A la fin, M. Mauperin demandait à sa femme deux mois de trêve et de réflexion; lui aussi voulait que sa Renée fût riche. Au bout des deux mois, il envoyait sa démission à la Chambre et venait établir à la Briche une raffinerie de sucre.

Il y avait vingt ans de cela. Les enfants avaient grandi, la maison avait prospéré. M. Mauperin faisait dans sa raffinerie d'excellentes affaires. Son fils était avocat. Sa première fille était mariée. La dot de Renée était prête.

III

On était rentré au rez-de-chaussée de la maison. Dans un coin du salon, tendu de perse et fleuri de bouquets des champs qui jaillissaient de petites hottes accrochées sur la tenture, Henri Mauperin, Denoisel et Reverchon causaient. Près de la cheminée, madame Mauperin recevait, avec de grandes démonstrations d'affection, son gendre et sa fille, monsieur et madame Davarande, qui venaient d'arriver. Elle se croyait obligée, dans la circonstance présente, de déployer les tendresses de la famille et de donner une représentation de son cœur de mère.

Le frou-frou des embrassades de madame Mauperin et de madame Davarande était à peine fini, qu'un vieux petit monsieur, qui était entré doucement dans le salon, dit bonjour des yeux à madame Mauperin en passant devant elle, et alla droit au groupe dont faisait partie Denoisel.

Ce petit monsieur avait un habit noir et des favoris blancs. Il portait un carton sous le bras.

— Connais-tu cela? — dit-il à Denoisel en l'entraînant dans une embrasure de fenêtre et en lui entr'ouvrant à moitié son carton.

— Ça?... Je ne connais que ça.... C'est la *Balançoire mystérieuse*.... gravée d'après Lavreince...

Le petit monsieur sourit : — Oui, mais regarde.

Et il entr'ouvrit encore son carton, mais de façon à ce que Denoisel n'y pût mettre absolument que le nez.
— *Avant le flot*... Elle est avant le flot! vois-tu?

— Parfaitement.

— Et des marges!... un brillant, hein! Ils ne me l'ont pas donné, va, les brigands! Ça m'a été poussé!... et par une femme encore...

— Bah!

— Une cocotte... qui demandait à voir, chaque fois que je mettais dessus. Ce gredin de commissaire-priseur disait toujours : « Passez à madame... » Enfin, à cent trente-cinq francs... Oh! je ne l'aurais pas payé un sou de plus...

— Je crois bien... Si j'avais su ça, moi qui en connais une épreuve comme ça, toute pareille, chez Spindler, le peintre... et à plus grandes marges... Il ne tient pas au Louis XVI, Spindler. Je n'aurais eu qu'à lui demander...

— Sapristi! Et avant le flot, comme la mienne? Tu es bien sûr?

— Avant le flot... avant même... Oui elle est d'un état moins avancé que la vôtre... Elle est avant...

Et la phrase qu'acheva Denoisel à l'oreille du vieillard mit sur le visage de celui-ci le rouge du plaisir, à ses lèvres une mouillure de salive.

En ce moment, M. Mauperin entra dans le salon avec sa fille. Il lui donnait le bras. Elle, la tête un peu en arrière, paresseuse et câline, s'appuyait sur son bras, et frottait doucement, comme un enfant qui se fait porter, ses cheveux à sa manche.

— Bonjour, toi, — dit-elle, et elle embrassa sa sœur. Puis elle tendit le front à sa mère, secoua la main de son beau-frère, et courant à l'homme au carton : — Peut-on voir, parrain?

— Non, filleule, vous n'êtes pas encore assez grande. — Et il lui donna sur la joue une petite tape d'amitié.

— Ah! c'est toujours comme cela ce que vous achetez! — dit Renée en tournant le dos au vieillard qui renouait les cordons de son carton avec les rosettes savantes, familières aux doigts des collectionneurs d'estampes.

— Eh bien! qu'est-ce qu'on m'apprend? — s'écria tout à coup, en se tournant vers sa fille, madame Mauperin qui avait fait asseoir Reverchon sur une chaise tout près d'elle, si près que ses gestes et sa robe le touchaient, le caressaient presque. — Vous avez été emportés par le courant? Il y a eu du danger, je suis sûre !... Oh ! cette rivière !... Je ne comprends pas vraiment que M. Mauperin permette...

— Madame Mauperin, — répondit M. Mauperin qui feuilletait avec sa fille un album sur une table, — je ne permets rien, je tolère.

— Lâche ! — dit tout bas mademoiselle Mauperin à son père.

— Mais je t'assure, maman, — c'était Henri Mauperin qui intervenait, — je t'assure qu'il n'y avait aucun danger. Ils ont été un peu entraînés par le courant... Ils ont mieux aimé s'accrocher à un bateau que de descendre à un quart de lieue. Voilà tout ! Tu vois...

— Tu me rassures, — dit madame Mauperin sur le visage de laquelle la sérénité était redescendue à chaque mot de son fils. — Je te sais si prudent ! Mais, voyez-vous, M. Reverchon, elle est si folle, notre chère Renée ! J'ai toujours peur... Oh ! tenez elle a encore de l'eau sur les cheveux... Viens que je t'essuie...

— Monsieur Dardouillet ! — annonça un domestique.

— Un de nos voisins, — dit à mi-voix madame Mauperin à Reverchon.

— Eh bien ! où en sommes-nous ? — demanda M. Mauperin au nouveau venu en lui serrant la main.

— Ça marche... ça marche... trois cents nouveaux jalons aujourd'hui.

— Trois cents ?

— Trois cents... Je crois que ce ne sera pas mal.

Voyez-vous, de la serre, je coupe droit à la pièce d'eau, à cause de la vue... Quarante-cinq ou quarante-sept centimètres de pente, pas plus. Si nous étions sur le terrain, je n'aurais point besoin de vous expliquer... De l'autre côté, vous savez, je remonte l'allée d'un mètre. Quand cela sera fait, monsieur Mauperin, savez-vous qu'il n'y aura pas un pouce de ma propriété qui n'ait été retourné?

— Mais quand planterez-vous donc, monsieur Dardouillet? — demanda mademoiselle Mauperin. — Voilà trois ans que je vous vois mettre des ouvriers dans votre jardin : est-ce que vous n'y mettrez pas un jour des arbres?

— Oh! les arbres, mademoiselle, ce n'est rien... Il est toujours temps... Le plus pressé d'abord... le dessin du terrain, les vallonnements... et puis après, des arbres... si on veut...

Quelqu'un était entré par une porte ouvrant de l'intérieur de la maison sur le salon. Il avait salué sans qu'on le vît. Il était là sans qu'on s'en aperçût. Il avait une tête honnête et ébouriffée comme un essuie-plume. C'était le caissier de M. Mauperin, M. Bernard.

— Nous y sommes tous... M. Bernard est descendu? Ah bon! — dit M. Mauperin en l'apercevant, — si tu faisais servir, madame Mauperin?... Ces jeunes gens doivent avoir faim.

Le recueillement du premier appétit était passé. La

causerie succédait au silence d'un dîner qui commence, au bruit des cuillers dans les assiettes à soupe.

— M. Reverchon... — commença à dire madame Mauperin.

Elle avait fait asseoir le jeune homme à côté d'elle, à sa droite, et l'on eût dit que ses amabilités se frottaient à lui. Elle l'entourait d'attentions, elle l'enveloppait de coquetteries. Elle avait un sourire sur toute la figure et même une voix qui n'était pas sa voix de tous les jours, une voix de tête qu'elle prenait dans les grandes cérémonies. Son regard allait perpétuellement du jeune homme à son assiette et de son assiette à un domestique. La mère couvait un gendre.

— Monsieur Reverchon, nous avons rencontré dernièrement une personne de vos connaissances, madame de Bonnières... Elle m'a dit un bien de vous, un bien...

— J'ai eu l'honneur de rencontrer madame de Bonnières en Italie... J'ai même été assez heureux pour lui rendre un petit service...

— Vous l'avez délivrée des brigands? — s'écria Renée.

— Non, mademoiselle... C'est beaucoup moins romanesque... Madame de Bonnières avait une difficulté pour une note d'hôtel. Elle se trouvait seule... Je l'ai empêchée d'être trop volée...

— C'est toujours une histoire de voleurs! — dit Renée.

— On en ferait une pièce, — dit Denoisel, — et

une pièce neuve, le rabais d'une addition amenant un mariage. Et le joli titre : *Le Roman d'un quart d'heure... de Rabelais !*

— C'est une personne bien aimable que madame de Bonnières, — reprit madame Mauperin. — Je lui trouve une physionomie... Vous la connaissez, M. Barousse ? — dit-elle en se tournant vers le parrain de Renée.

— Certainement, madame, très-agréable...

— Oh ! parrain, elle ressemble à un satyre ! — dit Renée. Et le mot lancé, voyant sourire, elle se sentit devenir rouge : — Oh ! pour la tête seulement, — reprit-elle vivement.

— Voilà ce que j'appelle se rattraper ! — dit Denoisel.

— Vous êtes resté longtemps en Italie, monsieur Reverchon ? — demanda M. Mauperin pour faire diversion.

— Six mois.

— Et vos impressions ?

— C'est très-intéressant, mais on y est bien mal... Je n'ai jamais pu me faire à prendre du café dans des verres...

— L'Italie ? — dit Henri Mauperin, — c'est pour moi le plus triste voyage... le voyage le moins pratique... Quelle agriculture ! quel commerce !... Un jour de bal masqué à Florence, je demandais au garçon dans un restaurant s'ils restaient ouverts la nuit. « Oh ! non, monsieur, nous aurions trop de monde... » On ne me l'a pas raconté, je l'ai entendu. Cela juge un pays. Quand on songe à l'Angleterre, à cette puissance d'initiative collective et individuelle, quand on a vu à Londres ce génie affairé du citoyen anglais, dans le Yorkshire le rendement d'une grande ferme... Voilà un peuple !

— Je suis comme Henri, — dit madame Davarande, — l'Angleterre... c'est distingué... Il y a une politesse... Je trouve ça très-bien, l'habitude de présenter les gens... C'est comme de vous rendre la monnaie dans du papier... Et puis, ils ont des étoffes qui ont un cachet ! Mon mari m'a rapporté de l'Exposition une robe de popeline... Ah ! tu sais maman, je me suis décidée, tu sais, pour mon mantelet. J'ai été chez Albéric... C'est très-drôle, figure-toi... Il vous fait poser par une demoiselle un mantelet sur les épaules... Et puis il se met à tourner autour de vous, et avec une règle d'ébène il indique les endroits où ça ne va pas en vous touchant à peine, tiens ! des petits coups comme ça qu'il jette : à chaque coup de règle, la demoiselle donne un coup de craie... Oh ! c'est un homme qui a bien du caractère, cet Albéric... Et puis c'est le seul... il n'y a que lui... il a un style pour les mantelets !... j'en ai reconnu deux de lui hier aux courses... Par exemple, il est cher.

— Oh ! ces gens-là gagnent ce qu'ils veulent, — dit Reverchon. — Édouard, mon tailleur, vient de se retirer avec trois millions.

— Eh ! bien, c'est très-bien, — fit M. Barousse, — je suis très-heureux quand je vois des choses comme ça. Ce sont maintenant les travailleurs qui ont la fortune, voilà! C'est la plus grande révolution depuis le commencement du monde...

— Oui, — dit Denoisel, — une révolution qui fait penser au mot du fameux voleur Chapon : « Le vol, monsieur le président, c'est le premier commerce du monde! »

— Ça a-t-il été brillant, les courses? — demanda Renée.

— Mais il y avait beaucoup de monde, — répondit madame Davarande.

— Très-brillant, mademoiselle, — dit Reverchon. — Le prix de Diane a été surtout parfaitement couru. *Plume-de-Coq*, qu'on faisait à 35, a été battu par *Basilicate* de deux longueurs.... Ça été très-émouvant. La poule de *hacks* aussi a été très-belle... quoique la piste fût un peu dure...

— Quelle est donc cette dame russe qui attelle toujours à quatre, monsieur Reverchon? — demanda madame Davarande.

— Madame de Rissleff. Oh! elle a des chevaux admirables... de purs *Orloff!*

— Vous devriez bien vous faire recevoir du Jockey, Jules, pour les courses, — fit madame Davarande en se tournant vers son mari. — Je trouve cela si commun d'être avec tout le monde! Vraiment, quand on se respecte un peu... une femme..., il n'y a que la tribune du Jockey.

— Ah! voilà une croûte aux champignons, — dit Barousse, — votre Adèle s'est surpassée... C'est un vrai cordon-bleu... Je lui en ferai mes compliments en m'en allant.

— Tiens! je croyais que vous n'en mangiez jamais, — dit madame Mauperin.

— Je n'en mangeais pas en 1848... je n'en ai pas mangé jusqu'au Deux Décembre... Est-ce que vous croyez que tout ce temps-là, la police avait le temps de s'occuper de l'inspection des champignons? Mais depuis le retour de l'ordre...

— Henriette, — dit madame Mauperin à madame Davarande, — laisse-moi gronder ton mari... il nous néglige... Voilà plus de trois semaines qu'on ne vous a vu, monsieur Davarande.

— Mon Dieu! ma chère mère, si vous saviez tout ce que j'ai eu à faire! Vous savez que je suis très-bien avec Georges... Son père est fort occupé à la Chambre... Comme chef du cabinet, les affaires retombent sur Georges... Il y a mille choses qu'il ne peut faire faire qu'à des personnes de confiance, à des amis... Il y a eu cette grosse affaire, ce début à l'Opéra... Ça a demandé des négociations, des pourparlers, des allées et des venues... Il fallait éviter un conflit entre les deux ministères... Oh! nous avons été bien occupés tous ces temps-ci... Il est si gentil, que je ne pouvais pas...

— Si gentil? — dit Denoisel. — Mais il devrait au moins vous payer vos courses de cabriolet... Voilà plus de deux ans qu'il vous promet une sous-préfecture...

— Mon cher Denoisel, c'est beaucoup plus difficile

que vous ne pensez... Et puis, quand on ne veut pas trop s'éloigner de Paris... Au reste, je vous dirai, entre nous, que c'est presque fait. D'ici à un mois, j'ai tout lieu de penser...

— De quels débuts parliez-vous? demanda Barousse.

— La Bradizzi, — dit Davarande.

— Ah! la Bradizzi!... Étourdissante! — dit Reverchon. — Elle a surtout des parcours... d'une légèreté! L'autre jour j'ai été dans la loge du directeur, sur le théâtre : on ne l'entend pas retomber quand elle danse...

— Nous pensions te voir hier soir, Henri, — dit madame Davarande à son frère.

— Hier, j'étais à ma conférence, — dit Henri.

— Henri avait été nommé rapporteur, — dit fièrement madame Mauperin.

— Ah! — fit Denoisel, — la conférence d'Aguesseau... Ça va donc toujours, votre petite parlotte? Combien êtes-vous là-dedans?

— Deux cents.

— Et tous hommes d'État? C'est effrayant!... De quoi étais-tu rapporteur?

— D'un projet de loi sur la garde nationale...

— Vous ne vous refusez rien, — dit Denoisel.

— Je suis sûr que tu ne fais pas partie de la garde nationale, Denoisel? — fit M. Barousse.

— Jamais!

— C'est pourtant une institution.

— Les tambours l'affirment, monsieur Barousse.

— Et tu ne votes pas non plus, je parie?

— Sous aucun prétexte.

— Denoisel, je suis fâché de te le dire, tu es un mauvais citoyen. C'est dans ton sang, je ne t'en veux pas, mais enfin ça est...

— Mauvais citoyen, comment cela?

— Enfin tu es toujours en opposition avec les lois...

— Moi?

— Toi... Tiens! sans remonter plus loin, la succession de ton oncle Frédéric... l'héritage que tu as laissé à ses enfants naturels....

— Eh bien?

— Voilà ce que j'appelle une action illégale, blâmable, déplorable... Qu'est-ce que veut la loi? Elle est claire, la loi : elle veut que les enfants nés hors mariage ne puissent pas hériter. Tu ne l'ignorais pas, je te l'avais dit, ton notaire te l'avait dit, le Code te le disait. Qu'est-ce que tu fais? Tu fais hériter les enfants! tu envoies promener le Code, l'esprit de la loi, tout! Mais abandonner la fortune d'un oncle dans ces conditions-là, Denoisel, c'est rendre hommage aux mauvaises mœurs, c'est encourager...

— Monsieur Barousse, je sais vos principes là-dessus... Mais, qu'est-ce que vous voulez? quand j'ai vu ces trois pauvres gamins, je me suis dit que jamais je ne trouverais bons les cigares que je fumerais avec leur pain... On n'est pas parfait.

— Tout ça, ce n'est pas la loi. Quand la loi dit quelque chose, elle a un but, n'est-ce pas? La loi est contre l'immoralité. Suppose qu'on t'imite...

— N'ayez pas peur, Barousse, — dit M. Mauperin en souriant.

— On ne doit jamais donner le mauvais exemple, — répliqua sentencieusement Barousse. Et se retournant vers Denoisel : — Comprends-moi bien, Denoisel, je ne t'en estime pas moins pour cela... au contraire ; je rends hommage à ton désintéressement, mais pour dire que tu as bien fait... non ! C'est comme ta vie : ta vie n'est pas régulière. On s'occupe, que diable ! on fait quelque chose, on entre quelque part, on se met dans un bureau, on paye sa dette à la patrie ! Si tu t'y étais mis de bonne heure, avec ton intelligence, tu aurais peut-être maintenant une place de trois ou quatre mille francs...

— On m'a offert mieux que ça, monsieur Barousse.

— Plus ? — dit Barousse.

— Plus, — répondit tranquillement Denoisel.

Barousse le regarda avec stupéfaction.

— Sérieusement, — reprit Denoisel, — j'ai eu beaucoup d'avenir... pendant cinq minutes. Vous allez voir... Le 24 février 1848, je ne savais que faire... Quand on a pris les Tuileries le matin, on est dérangé pour toute la journée... Il me vint l'idée d'aller voir un de mes amis qui était employé dans un ministère... dans un ministère de l'autre côté de l'eau. J'arrive au ministère : personne ! Je monte, j'entre dans le cabinet du ministre où travaillait mon ami : pas d'ami. J'allume une cigarette pour l'attendre. Un monsieur entre pendant que je fumais. Il me voit assis : il me croit du ministère. Il était sans chapeau : je le crois de la maison. Il me demande très-poliment de lui montrer les êtres. Je le conduis, nous revenons. Il me donne à écrire quelque chose dont il m'indique le sens : je prends la plume de mon ami, et j'écris. Il me lit, il est enchanté ; nous causons : il me trouve de l'orthographe. Il me serre les mains : il s'aperçoit que j'ai des gants... Bref, au bout d'un quart d'heure, il me demandait instamment d'être son secrétaire... C'était le nouveau ministre !

— Et tu n'acceptas pas ?

— Mon ami arriva... j'acceptai pour lui. Il est devenu quelque chose comme maître des requêtes au conseil d'État... C'était joli pourtant de n'avoir qu'une demi-journée de surnumérariat !

On était au dessert. M. Mauperin avait approché de lui une assiette de petits fours, et sa main y plongeait distraitement.

— M. Mauperin ? — lui dit sa femme, et elle lui fit un signe des yeux.

— Pardon, ma chère... la symétrie, c'est juste... Je n'y pensais plus, — et il remit l'assiette en place.

— Vous avez la manie de déranger...

— J'ai eu tort, ma chère, j'ai eu tort... Voyez-vous, messieurs, c'est une excellente femme que ma femme... Mais quand on touche à sa symétrie... C'est une des religions de ma femme, la symétrie.

— Vous êtes ridicule, monsieur Mauperin, — dit madame Mauperin, rougissant d'être prise en flagrant délit de *provincialisme*, et elle lança à sa fille : —

Mon Dieu, Renée, comme vous vous tenez! Tenez-vous donc droite, ma chère enfant...

— Bon! — murmura tout bas la jeune fille en se parlant à elle-même, — maman se revenge sur moi...

— Messieurs, — dit M. Mauperin quand on fut rentré au salon, — vous savez qu'on peut fumer. Nous devons cela à mon fils; il a été assez heureux pour obtenir de sa mère...

— Du café, parrain? — demanda Renée à M. Barousse.

— Non, — répondit M. Barousse, — je ne dormirais pas...

— Ici, — fit Renée en achevant sa phrase.

— Monsieur Reverchon?

— Jamais, mademoiselle, je vous remercie bien.

Elle allait, elle venait, et la fumée des tasses qu'elle portait lui montait au visage comme un souffle avec la chaleur du café.

— Tout le monde est servi?

Elle n'attendit pas la réponse.

— Tra tra tra...

Le piano jeta dans le salon les premières notes d'une polka. Puis s'arrêtant : — Danse-t-on? Si on dansait? Oh! dansons donc!

— Laisse-nous fumer tranquillement,—dit M. Mauperin.

— Oui, pépère, — et reprenant vivement sa polka, elle se mit à la danser sur son tabouret, en ne tenant à terre que par la pointe des pieds. Elle jouait sans regarder, la tête retournée vers le salon, animée, souriante, le feu de la danse dans les yeux et sur les joues, ainsi qu'une petite fille qui fait danser les autres, et tout en jouant, les suit et s'agite avec eux. Elle balançait les épaules. Son corps ondulait comme sous un enlacement, sa taille marquait le rhythme. Il y avait dans sa tournure la molle indication d'un pas ébauché. Puis elle se retourna vers le piano ; sa tête se mit à battre doucement la mesure, ses yeux coururent avec ses mains sur les touches noires et blanches. Penchée sur la musique qu'elle faisait, elle semblait battre les notes ou les caresser, leur parler, les gronder, leur sourire, les bercer, les endormir. Elle appuyait sur le tapage ; elle jouait avec la mélodie ; elle avait de petits mouvements tendres et de petits gestes passionnés ; elle se baissait et se relevait, et le haut de son peigne d'écaille à tout moment entrait dans la lumière, puis aussitôt s'éteignait dans le noir de ses cheveux. Les deux bougies du piano, frémissantes au bruit, jetaient un éclair sur son profil ou bien croisaient leurs flammes sur son front, ses joues, son menton. L'ombre de ses boucles d'oreille, deux boules de corail, tremblait sans cesse sur la peau de son cou, et les doigts de la jeune fille couraient si vite sur le piano qu'on voyait seulement je ne sais quoi de rose qui volait.

— Et c'est d'elle... — dit M. Mauperin à Reverchon.

— Elle a pris des leçons de Quidant, — ajouta madame Mauperin.

— Na! c'est fini! — Et quittant le piano, Renée

alla se planter devant Denoisel.—Contez-moi une histoire, Denoisel, pour m'amuser, ce que vous voudrez.

Et elle se tenait debout devant lui, les bras croisés, la tête un peu en arrière, le corps porté sur une jambe, avec un petit air gamin et une sorte de crânerie mutine qui ajoutaient à la grâce un peu cavalière de son costume : elle portait un col de piqué droit, une cravate faite d'un ruban noir; les revers d'un gilet blanc s'abattaient sur sa robe de drap taillée en forme de veste : sa jupe avait sur le devant des poches de paletot.

— Quand ferez-vous vos dents de sagesse, Renée? — lui demanda Denoisel.

— Jamais! — Et elle se mit à rire. — Eh bien! et mon histoire?

Denoisel regarda si personne ne l'écoutait, et, baissant la voix : — Il y avait une fois un papa et une maman qui avaient une petite fille. Le papa et la maman, qui voulaient la marier, faisaient venir des messieurs très-bien ; mais la petite fille, qui était très-bien aussi...

— Ah! que vous êtes bête!... Je vais travailler, tenez.

Et prenant son ouvrage dans un panier sur une table, elle alla s'asseoir à côté de sa mère.

— Est-ce qu'on ne fait pas le whist, ce soir? — demanda M. Mauperin.

— Mais si, mon ami, — dit madame Mauperin, — la table est prête... Vous voyez bien... il n'y a que les bougies à allumer.

— Adjugé! — cria Denoisel à l'oreille de Barousse, qui commençait à s'endormir au coin de la cheminée avec les dodelinements de tête d'un voyageur en diligence. M. Barousse bondit; Denoisel lui tendit une carte : — Le roi de pique! *avant la lettre!* Vous êtes demandé au whist.

— Vous n'êtes pas trop fatiguée ce soir, mademoiselle? — dit Reverchon en s'approchant.

— Moi, monsieur?... Je danserais toute la nuit!... Voilà comme je suis.

— Vous faites là quelque chose... c'est très-joli.

— Ça?... Ah! oui, joli!... c'est un bas... Je tricote pour mes petits malheureux... C'est chaud, voilà tout... Je ne suis pas forte sur l'aiguille, je vous dirai... La broderie, la tapisserie, il faut une attention, au lieu que ça... tenez, ce sont les doigts qui vont... ça se fait tout seul une fois en train... on est libre de penser au Grand Turc...

— Dis donc, Renée, — fit M. Mauperin, — c'est drôle : j'ai beau perdre, je ne peux pas me rattraper...

— Ah! ah! Il est très-bon, celui-là... je le retiens pour ma collection, — répondit Renée; puis tout à coup : — Denoisel! ici! voulez-vous venir ici?... là... plus près, plus près... Voulez-vous venir... tout de suite, là? Et maintenant, à genoux...

— Es-tu folle? — s'écria madame Mauperin.

— Renée, — dit Denoisel, — je crois que vous avez juré de me faire manquer mon mariage...

— Renée, voyons, voyons! — dit paternellement M. Mauperin de la table de jeu.

— Eh bien! quoi? — dit Renée; et menaçant en jouant Denoisel d'une paire de ciseaux : — D'abord, si vous bougez!... Denoisel est toujours très-mal coiffé... Il a les cheveux mal coupés... il a toujours une grande vilaine mèche qui lui tombe sur le front... Ça fait loucher les personnes qui le regardent... Je veux lui couper sa mèche... Bon! il a peur! Mais je coupe très-bien les cheveux, demandez à papa! — Et elle donna, en un instant, deux ou trois coups de ciseaux dans les cheveux de Denoisel, alla à la cheminée, secoua les cheveux dans le foyer, et, se retournant : — Si vous croyiez que c'était pour vous chiper une mèche!

Elle n'avait point fait attention au coup de coude que son frère lui avait donné en passant. Sa mère, un instant cramoisie, était toute pâle : elle ne s'en était pas aperçue. Son père, sortant du whist, venait à elle avec un air d'embarras et une mine de bouderie; elle lui prit la cigarette qu'il avait commencée, la porta à ses lèvres, tira une bouffée, la rejeta bien vite, détourna la tête, toussa, cligna des yeux, et fit : — Pouah! que c'est mauvais!

— Mais vraiment, Renée, — dit madame Mauperin d'une voix sévère et désolée, — vraiment je ne sais pas... Je ne vous ai jamais vue comme ce soir...

— Le thé! — demanda M. Mauperin au domestique qu'il avait sonné.

IV

— Dix heures un quart déjà! — dit madame Davarande, — nous n'avons que le temps d'aller au chemin de fer. Renée, fais-moi donner mon chapeau.

Chacun se leva. Barousse, au bruit, se réveilla, et la petite bande des invités de Paris se mit en route pour regagner Saint-Denis.

— Je vous accompagne, — dit Denoisel, — cela me fera prendre l'air.

Barousse était en avant, donnant le bras à Reverchon. Le ménage Davarande suivait. Henri Mauperin et Denoisel fermaient la marche.

— Pourquoi ne couches-tu pas? Tu t'en irais demain à Paris, — se mit à dire Denoisel à Henri.

— Non, — répondit Henri, — je ne peux pas. J'ai à travailler demain matin... Je ne serais à Paris que tard... ma journée serait perdue.

Ils se turent. Des mots de Barousse, faisant à Reverchon l'éloge de Renée, volaient par instant jusqu'à eux dans la nuit.

— Dis donc, Denoisel, j'ai peur que ce ne soit cassé, crois-tu?

— Je le crois.

— Ah! ça, mon cher, veux-tu me dire un peu pourquoi tu t'es prêté à toutes les sottises qui ont passé par la tête de ma sœur, ce soir? Tu as une grande influence sur elle, et...

— Mon petit, — dit Denoisel en tirant une bouffée de son cigare, — permets-moi d'abord d'ouvrir une parenthèse historique, philosophique et sociale. Nous en avons fini, n'est-ce pas? — quand je dis nous, je dis la majorité du peuple français, — avec les jolies petites demoiselles qui parlaient comme les poupées à ressort, qui disaient *papa*, *maman*, et qui, en dansant, ne perdaient jamais de vue les auteurs de leurs jours? La petite demoiselle enfantine, timide, honteuse, balbutiante, dressée à tout ignorer, ne sachant ni se tenir sur ses jambes, ni s'asseoir sur une chaise, c'est passé, c'est vieux, c'est usé: c'était la demoiselle à marier de l'ancien Gymnase... Aujourd'hui, ce n'est plus ça. Le procédé de culture est changé; c'était en espalier, ça pousse maintenant en plein vent, les jeunes personnes! On demande à une jeune fille des impressions, des expressions personnelles et naturelles. Elle peut parler, et elle doit parler de tout. C'est passé dans les mœurs. Elle n'est plus tenue de jouer l'ingénuité, mais l'intelligence originale. Pourvu qu'elle brille en société, les parents sont enchantés. Sa mère la mène à des cours. A-t-elle un talent? on le couve, on le chauffe. Au lieu de pauvres coureuses de cachet, on lui donne de vrais maîtres, des professeurs du Conservatoire, des peintres qui ont exposé. Elle prend le genre *artiste*, et on est enchanté de le lui voir prendre... Voyons, est-ce là, oui ou non, l'éducation des filles dans la bourgeoisie actuelle?

— Tu conclus?

— Maintenant, — reprit Denoisel sans répondre, — mets-moi au beau milieu de cette éducation-là, que je ne juge pas, remarque-le, mets-moi un excellent brave homme de père, la bonté et la tendresse mêmes, ajoutant à toutes ces émancipations l'encouragement de sa faiblesse et de son adoration; suppose que ce père ait souri à toutes les audaces, à toutes les jolies gamineries d'un garçon dans une femme; qu'il ait laissé sa fille prendre peu à peu ces qualités d'homme dans lesquelles il retrouve avec orgueil la tournure de son cœur...

— Et c'est toi, toi mon cher, qui connais si bien ma sœur, la façon dont elle a été élevée, le genre qu'elle a pris en s'autorisant des gâteries de mon père, tout ce qui enfin la rend si difficile à marier, c'est toi qui, ce soir, la laisses faire un tas d'inconvenances, quand tu pouvais, avec ces mots que tu sais lui dire, et que toi seul tu peux lui dire, l'arrêter net?

L'ami auquel Henri Mauperin parlait ainsi, Denoisel, était le fils d'un compatriote, d'un camarade d'école et d'un compagnon d'armes de M. Mauperin. M. Mauperin et son père s'étaient trouvés aux mêmes batailles; ils avaient mêlé leur sang à la même place; dans la retraite de Russie, ils avaient mordu au même foie de cheval.

Un an après son retour en France, M. Mauperin perdait cet ami, qui lui laissait en mourant la tutelle de son fils. L'enfant retrouvait un père dans son tuteur. Collégien, il passait toutes ses vacances à Morimond, et la maison Mauperin devenait pour lui la famille. Quand M. Mauperin eut des enfants, il sembla au jeune homme qu'il lui avait manqué jusqu'alors un frère et une sœur : il eut le sentiment d'être leur aîné, et redevint enfant pour être enfant avec eux.

Ses préférences allèrent naturellement à Renée, qui toute petite commença à l'adorer. Déjà elle était vive, entêtée ; lui seul parvenait à la faire écouter et obéir. Lorsqu'elle avait grandi, il avait été l'instituteur de son caractère, le confesseur de son esprit, le maître de ses goûts. Et son influence sur la jeune fille avait crû de jour en jour avec sa familiarité, dans cette maison où il avait sa chambre toujours prête, son couvert toujours mis, et où à tout moment il venait passer une semaine.

— Il y a des jours, — reprit Henri, — où cela n'a pas d'inconvénient, les bêtises de ma sœur ; mais ce soir... devant ce garçon... ça va faire manquer le mariage, j'en suis sûr ! Un parti excellent... où il y avait de très-belles espérances... Un jeune homme très-bien sous tous les rapports, charmant, très-distingué...

— Tu trouves? Moi, il m'a fait peur pour ta sœur... Et voilà pourquoi j'ai été avec elle comme tu m'as vu ce soir. Cet homme-là? mais c'est la distinction commune, la distinction faite avec la vulgarité de toutes les élégances ! C'est une affiche de modes, c'est un mannequin de tailleur, au physique comme au moral!

Rien, il n'y a rien dans un petit bonhomme comme ça! Un mari pour ta sœur, lui?... Mais comment diable veux-tu qu'il la comprenne? Avec quoi veux-tu qu'il perçoive ce qu'il y a, sous ses excentricités, de généreux, de noble, de passionné, au fond d'elle? Imagines-tu entre eux une pensée commune? Mon Dieu! ta sœur épouserait n'importe qui, pourvu qu'il fût intelligent, qu'il eût un caractère, une personnalité, quelque chose capable de dominer ou de remuer une nature de femme comme la sienne, je ne dirais rien. Il y a souvent de grands défauts, chez un homme, qui font vivre le cœur d'une femme. Avec un mauvais sujet, il y aurait encore la ressource qu'elle s'attachât à lui par jalousie; un homme d'ambition et d'affaires comme toi lui donnerait l'occupation, la fièvre, le rêve de son avenir... Mais un petit monsieur comme ça! à perpétuité! Ta sœur serait malheureuse comme les pierres; elle en mourrait... C'est qu'elle n'est pas faite comme les autres, ta sœur, il faut bien se dire ça. C'est une nature élevée, libre, très-blagueuse et très-tendre... Au fond, c'est une *mélancolique tintamarresque...*

— Une mélancolique tintamarresque? Qu'est-ce que c'est que ça?

— Je vais te le dire. C'est...

— Henri, dépêche-toi! — cria Davarande de l'embarcadère. — On monte en wagon... j'ai ton billet.

V

Monsieur et madame Mauperin étaient dans leur chambre. La pendule venait de sonner minuit gravement, lentement, comme pour marquer la solennité de cette heure intime et conjugale, qui est en même temps le tête-à-tête du mariage et le conseil secret du ménage ; heure de transformation et de magie, à la fois bourgeoise et diabolique, qui rappelle le conte de la femme métamorphosée en chatte. L'ombre du lit touche mystérieusement l'épouse. Le coucher lui prête une sorte de charme. Un reste des ensorcellements de la maîtresse lui revient à cet instant. Sa volonté s'éveille à côté de la volonté maritale qui s'endort. Elle se redresse, elle égratigne, elle gronde, elle boude, elle taquine, elle lutte. Elle a contre l'homme les caresses et les coups de griffes. L'oreiller lui attribue sa puissance : elle entre dans la nuit comme dans sa force.

Madame Mauperin se mettait des papillotes devant la glace, éclairée par une seule bougie. Elle était en camisole et en jupon. Sa grosse personne, au-dessus de laquelle ses petits bras allaient et venaient avec un geste de couronnement, mettait au mur la silhouette fantastique du déshabillé de la cinquantaine, et faisait trembler sur le papier du fond de la chambre une de ces ombres corpulentes que semblent dessiner ensemble, au fond de l'alcôve des vieux ménages, Hoffmann et Daumier. — M. Mauperin était déjà au lit.

— Louis ! — dit madame Mauperin.

— Quoi ? — dit M. Mauperin avec l'accent d'indifférence, de regret, d'ennui de l'homme qui, les yeux encore ouverts, commence à goûter les douceurs de la pose horizontale.

— Oh ! si vous dormez !

— Je ne dors pas du tout. Voyons, quoi ?

— Oh ! mon Dieu, rien. Je trouve que Renée a été ce soir d'une inconvenance... voilà tout. As-tu remarqué ?

— Non. Je n'ai pas fait attention.

— Une lubie !... C'est qu'il n'y a pas la moindre raison... Elle ne t'a rien dit, voyons ? Tu ne sais rien ? Car voilà où j'en suis avec vos cachoteries... vos secrets : je suis toujours la dernière à savoir les choses... Mais toi, oh ! toi, on te raconte tout... Je suis bien heureuse de n'être pas née jalouse, sais-tu ?

M. Mauperin remonta, sans répondre, son drap sur son épaule.

— Tu dors, décidément, — reprit madame Mauperin avec ce ton aigre et désappointé de la femme qui attend une riposte sur son attaque.

— Je t'ai déjà dit que je ne dormais pas...

— Mais vous ne comprenez donc pas, monsieur Mauperin ? Oh ! ces hommes intelligents... c'est curieux ! Ça vous touche assez pourtant, ce sont vos affaires comme les miennes. Voilà encore un mariage manqué, comprenez-vous ? un mariage où il y avait tout... de la fortune, une famille honorable... tout ! Je connais ces temps d'arrêt-là dans les mariages...

Nous pouvons en faire notre deuil... Henri m'en a parlé ce soir; le jeune homme ne lui en a rien dit naturellement; c'est un garçon qui sait vivre... Mais Henri est persuadé qu'il se retire... Ça se sent, ces choses-là... c'est dans l'air des gens...

— Eh bien! il se retirera, qu'est-ce que vous voulez que je vous dise? — Et M. Mauperin, se levant sur son séant, allongea ses deux mains sur ses cuisses.

— Il se retirera. Des jeunes Reverchon, ce n'est pas unique, on en retrouve... Au lieu que des filles comme ma fille...

— Mon Dieu! votre fille... votre fille...

— Vous ne lui rendez pas assez justice, Thérèse.

— Moi? je lui rends toute la justice possible. Seulement... je la vois comme elle est, je n'ai pas vos yeux, moi... Elle a des défauts, de très-grands défauts que vous avez encouragés, oui, vous; des caprices, de l'étourderie, comme si elle avait dix ans!... Si vous croyez que je ne souffre pas de ses incertitudes, de ses exigences, d'un tas de choses absurdes, depuis qu'on cherche à la marier! Et puis une façon d'arranger les gens qu'on lui présente! Elle est terrible pour les entrevues... Voilà une dizaine de prétendus que nous lui voyons éplucher...

A ces derniers mots de madame Mauperin, un éclair de vanité paternelle brilla sur le visage de M. Mauperin. — Oui, oui, — dit-il en souriant de souvenir, — le fait est qu'elle a un esprit diabolique... Te rappelles-tu ce pauvre préfet : « Oh! un vieux coq!... »

Je me rappelle comme elle a dit cela tout de suite en le voyant.

— C'est très-drôle en effet, et très-convenable surtout... Et ça vous fait marier, ces mots-là, croyez-le... ça engage d'autres personnes à se présenter, n'est-ce pas? Je suis certaine que Renée a dans le monde une réputation de méchanceté... Encore un peu de ce joli esprit-là... et vous verrez comme il viendra des demandes pour votre fille! J'ai marié si facilement Henriette! Celle-ci, c'est ma croix...

M. Mauperin, qui avait pris sa tabatière sur la table de nuit, paraissait occupé à la faire tourner entre le pouce et l'index.

— Enfin, — reprit madame Mauperin, — cela la regarde... Quand elle aura trente ans, quand elle aura refusé tout le monde, quand il n'y aura plus personne pour vouloir d'elle... malgré tout ce qu'elle a d'esprit, de bonnes qualités, de tout ce que vous voudrez... elle réfléchira... et vous aussi.

Il y eut une pause. Madame Mauperin laissa à à M. Mauperin le temps de croire qu'elle avait fini. Puis, changeant de ton : — J'ai maintenant à vous parler de votre fils...

Ici M. Mauperin, courbé jusque-là sous les paroles de sa femme, releva la tête : il eut un demi-sourire d'une bonhomie malicieuse.

Il est dans la Bourgeoisie, dans la plus haute comme dans la plus basse, un certain amour maternel qui s'élève jusqu'à la passion et s'abaisse jusqu'à l'idolâtrie. Des mères s'y rencontrent souvent, dont les tendresses se prosternent, dont le cœur est comme agenouillé devant un fils. Ce n'est plus l'amour maternel, voilant ses faiblesses, armé de ses droits, jaloux de ses devoirs, soucieux de la hiérarchie et de la discipline de la famille, entouré de respect et d'autorité. L'enfant, approché de la mère par toutes les familiarités, reçoit d'elle des soins qui ressemblent à l'hommage, et des caresses où il y a de la servilité. La mère lui rapporte tous ses rêves; car il est non-seulement l'héritier, mais encore l'avenir de la famille à laquelle il promet les fortunes de la bourgeoisie, ses avancements, ses ascensions progressives de génération en génération. La mère jouit de ce qu'il est et de ce qu'il sera. Elle l'aime et se glorifie en lui. Elle lui voue ses ambitions et lui donne son culte. Ce fils lui apparaît comme un être supérieur et que ses entrailles s'étonnent d'avoir porté : on dirait qu'au fond d'elle se mêlent confusément les orgueils et les humilités de la mère d'un dieu.

Madame Mauperin était le type de ces mères de la bourgeoisie moderne. Les mérites, le visage, l'esprit de son fils, avaient pour elle comme une divinité. Sa personne, ses grâces, ce qu'il disait, ce qu'il faisait lui était sacré. Elle se tenait en contemplation devant lui ; les autres, auprès de lui, pour elle, n'étaient pas. Le monde lui semblait commencer et finir à son fils. Il était pour elle la perfection de tout, le plus intelligent, le plus beau et surtout le plus distingué des hommes. Il était myope et portait un lorgnon ; elle ne voulait même pas convenir qu'il eût la vue basse.

Quand il était là, elle le regardait parler, s'asseoir, marcher; elle lui souriait, quand il avait le dos tourné. Elle aimait les plis de son habit. Quand il n'était pas là, elle restait souvent des minutes enfoncée dans un fauteuil : une idée d'une douceur infinie éclairait et apaisait peu à peu son visage ; de l'ombre, de la paix, de la lumière y descendaient à la fois ; son regard était heureux, ses yeux se souvenaient, son cœur semblait revoir. Si on lui parlait, à ce moment-là, elle paraissait se réveiller.

Il y avait de l'hérédité dans cette manie d'amour maternel. Madame Mauperin était d'un sang qui avait toujours eu pour les fils des tendresses chaudes, violentes, presque frénétiques. Les mères, dans sa famille, étaient furieusement mères. Sa grand'mère avait laissé une légende dans la Haute-Marne : on disait qu'elle avait défiguré avec un charbon ardent un enfant qu'on trouvait plus beau que le sien. Aux premiers bobos de son fils, madame Mauperin avait failli devenir folle : elle maudissait tous les enfants bien portants; elle voulait que Dieu les tuât, si son fils mourait. Une fois, il fut malade gravement, elle passa quarante-huit nuits sans se coucher ; de fatigue, ses jambes enflèrent. Quand il commença à courir, tout lui fut permis. Si l'on venait se plaindre qu'il avait battu les enfants du village, elle disait d'un ton attendri : — Pauvre petit!

Puis, l'enfant grandissant, l'âme de la mère commença à marcher devant lui, et à remplir déjà d'espérances le chemin de sa vie d'homme. Elle songeait aux héritières du département dont l'âge pourrait plus tard s'accorder avec le sien. Elle le voyait dans des châteaux, à cheval, chassant en habit rouge. Elle s'éblouissait d'illusions et de perspectives.

Vint l'heure du collége, l'heure de la séparation. Madame Mauperin lutta trois mois pour garder son fils, le faire élever près d'elle par un précepteur. Mais M. Mauperin fut inébranlable. Tout ce que madame Mauperin put obtenir de son mari fut le choix du collége : elle choisit le plus doux qu'elle put trouver, un de ces colléges d'enfants riches, à la discipline molle, où l'on mange des meringues en promenade, et où les professeurs donnent plus de répétitions que de punitions.

Pendant les sept ans qu'il resta là, madame Mauperin ne passa pas un jour sans venir de Saint-Denis le voir à la récréation d'une heure. La pluie, le froid, la fatigue, le malaise, rien ne l'arrêtait. Au parloir, dans la cour, les autres mères se la montraient. L'enfant l'embrassait, prenait les gâteaux qu'elle lui apportait, et, disant qu'il avait un devoir à finir, se dépêchait de retourner jouer. Cela suffisait à sa mère. Elle l'avait vu, il allait bien. Sans cesse elle pensait à sa santé. Elle le chargeait de flanelle. Dans les congés, elle le bourrait de viande, de filets de bœuf dont elle lui versait tout le jus saignant pour qu'il devînt grand et fort. Elle lui acheta un petit tapis pour qu'il ne fût pas assis trop durement sur les bancs de sa classe.

Le collége avait des chambres pour les élèves : elle lui meubla la sienne comme une chambre d'homme. Il eut à douze ans une toilette-commode en palissandre.

L'enfant devint jeune homme, le jeune homme sortit du collége, et la passion de madame Mauperin ne fit que grandir avec toutes les satisfactions que donnent aux yeux des mères un grand fils dont la tournure change et dont la barbe naît. Oubliant les fournisseurs dont elle payait les notes, elle était émerveillée de la façon dont son fils s'habillait, se coiffait, se chaussait. Il y avait dans le goût de ce qu'il aimait, dans le luxe de ses habitudes, dans son air, dans sa vie, une élégance devant laquelle elle s'inclinait avec étonnement et ravissement comme si elle n'en était pas la source et la caissière. Le domestique de son fils n'était pas pour elle tout à fait un domestique. Le cheval de son fils n'était pas absolument un cheval : c'était le cheval de son fils. Quand son fils sortait, elle se faisait prévenir pour avoir la satisfaction de le voir monter en voiture et partir.

Chaque jour, elle était plus remplie de ce fils. Sans distraction, sans occupation d'imagination, ne lisant pas, vieillie à côté de ce mari qui ne lui avait point apporté d'amour et qu'elle avait toujours senti enfermé loin d'elle dans l'étude, la politique, les affaires, n'ayant plus à ses côtés qu'une fille à laquelle elle n'avait jamais donné tout son cœur, elle avait fini par mettre toute sa vie dans la fortune de Henri, toutes ses vanités dans son avenir.

Et sa seule pensée, sa pensée de toutes les heures du jour et de la nuit, son idée fixe, était de marier ce fils adoré, de le bien marier, de le marier d'une façon assez riche et assez brillante pour que ce mariage la vengeât et la payât des tristesses et de l'obscurité de son existence, de sa vie d'épargne et de solitude, de toutes ses privations de femme et d'épouse.

— Savez-vous seulement l'âge de votre fils, monsieur Mauperin ? — reprit madame Mauperin.

— Henri ! mais ma bonne, Henri doit avoir... Il est de 1826, n'est-ce pas ?

— Oh ! c'est bien d'un père, de demander... oui, 1826, le 12 juillet 1826.

— Eh bien ! il a vingt-neuf ans... Tiens ! c'est vrai, il a vingt-neuf ans...

— Et vous restez là les bras croisés ! Vous ne vous occupez pas plus de son avenir ! Vous dites : Tiens ! il a vingt-neuf ans, comme cela, tranquillement ! Un autre se remuerait, chercherait... Henri n'est pas comme sa sœur, il veut se marier... Avez-vous jamais pensé à lui trouver un parti, une femme ? Pas plus qu'au roi de Prusse ! C'est comme pour votre fille aînée... Je vous demande un peu ce que vous avez fait pour son mariage ? Qu'elle trouve, qu'elle ne trouve pas, on aurait dit que ça vous était égal. A-t-il fallu que je vous pousse pour vous faire marcher ! Ah ! vous pouvez vous laver les mains de ce mariage-là : le bonheur de votre fille ne doit pas vous peser sur la conscience!... Sans moi, vous auriez trouvé, n'est-ce pas, un gendre comme M. Davarande... qui adore Henriette... et si homme du monde!... le modèle des maris...

Et madame Mauperin, soufflant la bougie, se glissa dans le lit à côté de M. Mauperin, tourné vers la ruelle et le nez dans le mur.

— Oui, — dit-elle encore en s'allongeant sous les draps, — un modèle! Si vous croyez que beaucoup de gendres auraient les attentions qu'il a pour nous... Il fait tout pour nous être agréable... Vous lui faites faire gras quand il dîne ici : il ne dit rien... Et d'une complaisance!... J'ai eu besoin de rappareiller des laines de tapisserie dernièrement...

— Pardon, ma chère amie, de quoi parlons-nous? Je vous préviens que j'ai un peu envie de dormir ce soir... Ça a commencé par votre fille.... Maintenant vous entamez le chapitre des perfections de M. Davarande... Je connais ce chapitre... Nous en avons pour jusqu'à demain matin... Voyons, vous désirez que votre fils se marie, n'est-ce pas? C'est cela. Eh bien! je ne demande pas mieux : marions-le.

— Avec cela qu'on peut compter sur vous pour le marier! que vous vous donnez du mal!... que vous êtes homme à vous déranger!

— Par exemple, cela, ma chère, c'est de l'injustice... Il me semble qu'il n'y a pas plus de quinze jours, j'ai fait mes preuves... Aller entendre un opéra d'un ennui!... prendre des glaces le soir, ce que je déteste... causer de la pluie et du beau temps avec un provincial qui criait la dot de sa fille sur les boulevards... Si vous appelez cela ne pas se déranger!... Vous me direz que ça a manqué? Mais est-ce ma faute, si ce monsieur voulait pour sa fille « un beau mâle, » comme il disait? Est-ce ma faute, à moi tout seul, si notre fils n'a pas la tournure d'un Hercule?

— Monsieur Mauperin...

— C'est vrai, à la fin... je suis coupable de tout, avec vous... Vous me feriez passer pour un égoïste...

— Oh! mon Dieu, comme tous les hommes!

— Merci pour eux...

— Non, c'est dans votre caractère... il ne faut pas vous en vouloir... Il n'y a que les mères pour se tracasser... Ah! si vous étiez comme moi... si vous aviez à chaque instant devant les yeux tout ce qui peut arriver à un jeune homme... Je sais bien qu'Henri est raisonnable; mais c'est si tôt fait un attachement... une drôlesse, une scélérate... n'importe quoi... ça se voit tous les jours... J'en deviendrais folle! Dis donc, Mauperin, si nous faisions tâter madame Rosières, hein?

Il n'y eut pas de réponse. Madame Mauperin se résigna à se taire, se tourna, se retourna, chercha le sommeil et ne le trouva qu'au jour.

VI

— Ah çà! où diable vas-tu? — disait le matin M. Mauperin à madame Mauperin, qui mettait devant la glace un mantelet de dentelle noire.

— Où je vais? — dit madame Mauperin en fixant le mantelet sur une de ses épaules avec une des deux épingles qu'elle avait à la bouche. — Est-ce que mon mantelet tombe trop bas?... Regarde donc...

— Non...

— Tire un peu.

— Mais comme tu es belle! — dit M. Mauperin en se reculant et en regardant la toilette de sa femme, une toilette noire de la plus élégante sévérité, d'un bon goût presque austère.

— Je vais à Paris.

— Tiens! tu vas à Paris? Qu'est-ce que tu vas faire à Paris?

— Mon Dieu! que vous êtes donc ennuyeux à toujours demander : Où vas-tu? Qu'est-ce que tu vas faire?... Vous voulez le savoir, n'est-ce pas?

— Mais je te demandais tout bonnement...

— Mon ami, je vais me confesser, — dit madame Mauperin en baissant les yeux.

M. Mauperin resta muet sur le coup. Sa femme avait eu, dans les premiers temps de son mariage, la piété d'une femme qui va tous les dimanches à la messe ; plus tard, elle avait accompagné ses filles au catéchisme : c'était là tous les devoirs religieux qu'il lui avait vu accomplir. Depuis dix ans, il la sentait à côté de lui, indifférente comme lui, naturellement, ingénument. Le premier moment de stupéfaction passé, il ouvrit la bouche pour lui parler, la regarda, ne lui dit rien, et, tournant tout à coup sur ses tajons, sortit de la pièce en fredonnant une espèce d'air auquel il ne manquait guère que la musique et les paroles.

Arrivée à une belle et riante maison de la rue de la Madeleine, madame Mauperin monta au quatrième; elle sonna à une porte sans apparence : on ouvrit.

— M. l'abbé Blampoix?

— C'est ici, madame, — fit un domestique qui avait l'accent belge, une livrée noire, le regard modeste, et qui saluait comme on s'incline. Il fit traverser à madame Mauperin une antichambre où se mourait une douce odeur, puis une salle à manger pleine de soleil, où un petit couvert était mis sur une table. Et madame Mauperin se trouva dans un salon paré et embaumé de fleurs. Au-dessus d'un orgue-mélodium, chargé d'incrustations riches, il y avait une copie de la Nuit du Corrége. Sur un autre panneau, on voyait dans un cadre de deuil la communion de Marie-Antoinette et de ses gendarmes à la Conciergerie, lithographiée d'après une légende. Des souvenirs, mille choses pareilles à des objets d'étrennes, remplissaient les étagères; une réduction en bronze de la Madeleine de Canova était placée sur une table au milieu de la pièce. Les meubles, de tapisserie différente et pieusement travaillés, montraient ce qu'ils étaient : des cadeaux de dévotes à l'abbé.

Des hommes et des femmes attendaient là, ouvraient la porte de la chambre de l'abbé, restaient quelques minutes, ressortaient, saluaient, disparaissaient. La dernière des personnes qui attendaient, une femme, resta longtemps. Quand elle ressortit, madame Mauperin ne put voir son visage sous son voile rabattu en double.

L'abbé était debout devant sa cheminée quand madame Mauperin entra. Il tenait écartés les pans de sa soutane, devant le foyer, comme des basques d'habit.

L'abbé Blampoix n'avait ni cure ni paroisse. Il avait une clientèle et une spécialité : il était le prêtre du monde, du beau monde et du grand monde.

Il confessait les salons, il dirigeait les consciences bien nées, il consolait les âmes qui en valaient la peine. Il mettait Jésus-Christ à la portée des gens éclairés, et le paradis à la portée des gens riches. « Chacun a son lot dans la vigne du Seigneur, » disait-il souvent, en paraissant gémir et plier sous la charge de sauver le faubourg Saint-Germain, le faubourg Saint-Honoré et la Chaussée-d'Antin.

C'était un homme de sens et d'esprit, un prêtre facile et qui accommodait tout au précepte : *La lettre tue et l'esprit vivifie*. Il était tolérant et intelligent. Il savait comprendre et sourire. Il mesurait la foi au tempérament des gens, et ne la donnait qu'à petite dose. Il adoucissait la pénitence, il ôtait les nœuds de la croix, il sablait le chemin du salut. De la religion dure, laide, rigoureuse des pauvres, il dégageait comme une aimable religion des riches, légère, charmante, élastique, se pliant aux choses et aux personnes, à toutes les convenances de la société, à ses mœurs, à ses habitudes, à ses préjugés mêmes. De l'idée de Dieu, il faisait quelque chose de confortable et d'élégant.

L'abbé Blampoix avait le charme du prêtre qui a de l'éducation, des talents et des grâces. Il savait mettre de la causerie dans la confession, du sel dans l'exhortation, de l'agrément dans l'onction. Il s'entendait à émouvoir et à intéresser. Il connaissait les paroles qui touchent, des paroles qui caressent et les paroles qui chatouillent. Sa voix était musicale, son ton fleuri. Il appelait le diable « le prince du mal » et l'Eucharistie « l'aliment divin. » Il abondait en périphrases coloriées comme des images de sainteté. Il parlait de Rossini, il citait Racine, il disait « le bois » pour le bois de Boulogne. Il parlait de l'amour divin avec des mots qui troublaient, des vices du jour avec des particularités piquantes, du monde avec la langue du monde. De temps en temps, les termes à la mode et tout frais, les mots intimes de la langue, passaient dans ses consultations spirituelles, ainsi que des morceaux de journal dans un livre ascétique. Il sentait agréablement le siècle. Sa robe avait comme l'odeur de toutes les jolies fautes qui l'avaient approché. Il était profond et aiguisé sur les tentations subtiles, admirable de finesse, de flair et de décence sur la casuistique des sensualités. Les femmes en raffolaient.

Son premier pas, son début dans la carrière ecclésiastique avait été marqué par une séduction, par un ravissement d'âmes, par un succès qui s'était élevé aux proportions d'un triomphe et presque d'un scandale. Au bout d'un an de catéchisme de persévérance dans la paroisse de ***, l'archevêque l'ayant appelé à d'autres fonctions et l'ayant remplacé par un autre directeur, le catéchisme de persévérance se révoltait. Toutes les jeunes filles refusaient de recevoir, d'écouter le nouveau venu. Tous ces petits cœurs et toutes ces petites têtes se montaient. C'étaient des larmes dans tout le troupeau, une véritable émeute de regrets qui ne tardait pas à se tourner en résistance. Les plus âgées de la persévérance, les conseillères de l'Œuvre continuaient la lutte pendant plusieurs mois. Elles se coalisaient pour ne plus paraître aux réunions; elles allaient jusqu'à refuser au curé la caisse dont elles avaient le dépôt. On eut grand'peine à les apaiser.

La fortune que ceci annonçait et promettait à l'abbé Blampoix ne lui avait point manqué. Sa réputation s'était vite répandue. Cette puissance qui, à Paris, touche à tout, même à une soutane de prêtre, la mode, l'avait porté et lancé. On venait vers lui de tous côtés. Le fretin des fautes allait à d'autres; à lui, on apportait les péchés de choix. Autour de lui, c'était un bruissement de grands noms, de grosses fortunes, de jolies contritions et de belles robes. Les mères le consultaient pour mener leurs filles dans le monde, les filles s'éclairaient auprès de lui avant d'y aller. Il était l'homme auquel on s'adressait pour avoir l'autorisation de se décolleter, l'homme qui réglait la pudeur des robes de bal et la décence des lectures, l'homme à qui l'on demandait le titre des romans à lire et la liste des pièces morales à voir. Il préparait à la première communion, et il conduisait au mariage. Il baptisait les enfants, il confessait les adultères de cœur. Les femmes méconnues et incomprises venaient gémir auprès de lui sur la matérialité de leur mari, et il leur fournissait un petit peu d'idéal qu'elles rapportaient dans leur ménage. Les désespoirs, les grands chagrins recouraient à lui, et il leur ordonnait un voyage en Italie, les distractions de la peinture et de la musique, avec une bonne confession à Rome. Les femmes séparées s'adressaient à lui pour rentrer sans bruit auprès de leur mari. Ses conciliations s'interposaient entre l'amour des épouses et la jalousie des belles-mères. Aux mères, il fournissait des institutrices; aux jeunes femmes, il donnait des femmes de chambre de quarante ans. Les nouvelles mariées apprenaient de lui à retenir leur bonheur et à garder leur mari par la discrétion et la délicatesse de la toilette, par la propreté, par les soins, par la virginité et la finesse du linge. « Il faut, voyez-vous, ma chère enfant, disait-il quelquefois, qu'une femme honnête ait un petit parfum de lorette. » Son expérience intervenait dans l'hygiène du mariage. La maternité se recommandait à ses lumières, la grossesse écoutait ses prévisions : il décidait si une femme devait être mère, et si une mère devait nourrir.

Cette vogue, ce rôle, ce maniement intime de la

femme, cette possession de tous ses secrets, tant de confidences et de connaissances, tant de relations en tous sens avec les dignitaires et les trésorières de bonnes œuvres, de continuels rapports, autorisés par les démarches et les intérêts de la charité, avec tout ce qu'il y avait de considérable à Paris, toutes les influences que peut amasser un prêtre discret, serviable et habile, avaient donné à l'abbé Blampoix un de ces grands pouvoirs qui rayonnent souterrainement. Les intérêts, comme le reste, se confessaient à lui. Les ambitions sociales recouraient à son obligeance. Et presque tout ce qu'il y avait de mariable dans la société s'adressait à ce prêtre n'affichant point de couleur politique, répandu dans tous les mondes et merveilleusement placé pour rapprocher des noms ou croiser des familles, associer des convenances ou équilibrer des positions, unir de l'argent à de l'argent, ou allier un vieux titre à une fortune neuve. On eût dit que le mariage de Paris avait comme une providence occulte dans cet homme rare en qui se mêlaient le prêtre et l'avoué, l'apôtre et le diplomate, Fénelon et M. de Foy.

L'abbé Blampoix avait quarante mille livres de rentes, dont il donnait la moitié aux pauvres. Il avait refusé un évêché pour rester ce qu'il était : un prêtre.

—

— A qui ai-je l'honneur?... — dit l'abbé, dont la mémoire semblait chercher un nom.

— Madame Mauperin... la mère de madame Davarande...

— Ah! pardon, madame, pardon... Vous n'êtes pas des personnes qu'on oublie... Mais, je vous en prie, voici un fauteuil.

Et, s'asseyant à contre-jour, en face d'elle, il reprit : — C'est un souvenir bien cher pour moi que ce mariage qui m'a donné l'occasion de vous connaître, le mariage de mademoiselle votre fille avec M. Davarande. Nous avons, vous et moi, vous, madame avec votre dévouement de mère, moi, mon Dieu! avec les pauvres lumières d'un humble prêtre, réalisé là un mariage vraiment chrétien, répondant tout ensemble aux besoins de foi de cette chère fille, à ceux de son cœur, et aux exigences de sa position dans le monde. Madame Davarande est une de mes pénitentes modèles; j'en ai toute satisfaction. M. Davarande est un excellent jeune homme partageant, ce qui est si rare aujourd'hui, les sentiments religieux de sa femme. L'âme se repose sur des ménages si heureux, si distingués, et je suis persuadé d'avance que ce n'est pas pour ces chers enfants que vous venez...

— C'est vrai, monsieur l'abbé, je suis bien heureuse de ce côté... leur bonheur est une grande joie dans ma vie. C'est une si grande responsabilité de marier ses enfants! Non, monsieur l'abbé, ce n'est pas pour eux que je viens à vous : c'est pour moi.

— Pour vous, chère madame?

Et l'abbé lui jeta un regard qu'il éteignit aussitôt.

— Ah! monsieur l'abbé, les années amènent bien

du changement... Jusqu'à mon âge, on est distrait par mille choses : on a le monde, la société... tout cela amuse. On s'étourdit, on aime tout cela, on y croit, on s'y appuie... On se fait l'idée qu'on n'aura jamais besoin d'autre chose... Eh bien! monsieur l'abbé, je suis à l'âge où l'on a besoin d'autre chose. Vous me comprenez... Je sens le vide du monde. Rien ne m'occupe. Je voudrais revenir à ce que j'ai abandonné. Je sais combien vous êtes indulgent, quelle est votre charité. Il me faudrait vos conseils, votre main, pour me ramener à tous les devoirs que j'ai trop longtemps négligés, sans pourtant cesser de les connaître et de les respecter. Vous connaissez ces misères, monsieur l'abbé?

Tout en parlant ainsi, avec cette facilité de paroles de la femme et de la Parisienne qui s'appelle *bagou* dans le langage de Paris, les yeux de madame Mauperin, qui évitaient les yeux de l'abbé, comme s'ils les sentaient dans l'ombre, étaient machinalement tombés sur de la lumière remuée par les mains de l'abbé, enflammée par un coup de soleil, rayonnante au milieu de cette chambre, la chambre d'un homme d'affaires, sévère, solennelle et froide : cette lumière était un écrin avec les diamants duquel jouaient les doigts de l'abbé.

— Ah! cela, — dit l'abbé surprenant le regard de madame Mauperin et répondant à sa pensée, sans répondre à ses phrases, — cela vous étonne, n'est-ce pas? Oui, un écrin... c'est un écrin... des diamants... et tenez! assez beaux. — Il lui tendit la rivière. —

C'est singulier, n'est-ce pas, que ce soit ici? Que voulez-vous? Voilà notre société moderne. Nous sommes forcés de toucher un peu à tout... Une triste scène! je n'en suis pas encore remis... des pleurs, des sanglots... peut-être avez-vous entendu?... une malheureuse jeune femme se roulant à mes pieds, une mère de famille, madame! Hélas! voilà le monde... voilà où mène la recherche de la parure et de tout ce qui sert à plaire... On dépense, on dépense, on arrive à ne plus payer aux magasins que l'intérêt de ce qu'on doit... Oui, madame, cela arrive, je vous nommerais les magasins... On espère toujours payer le capital un jour... on compte sur un gendre auquel on dira tout et qui sera trop heureux de payer les dettes de sa belle-mère... Mais, en attendant, les magasins s'impatientent... Un jour ils menacent de tout apprendre au mari... Alors... oh! alors! songez aux angoisses! Savez-vous qu'on me parlait tout à l'heure d'aller se jeter à l'eau?... Il a fallu que je promette de trouver trente mille francs... Mais je vous demande mille pardons, je vous entretiens de mes affaires... Revenons à vous, aux vôtres... Vous aviez une seconde fille... charmante... Je l'ai préparée à la première communion... Rappelez-moi donc son petit nom...

— Renée.

— C'est cela, parfaitement... une enfant très-intelligente, très-vive, une nature tout à part... Dites-moi, elle n'est pas mariée?

— Non, monsieur l'abbé, et c'est un grand souci pour moi. Vous n'avez pas idée de cette tête-là...

Elle n'a rien de sa sœur. C'est un de ces caractères bien malheureux pour une mère... J'aimerais bien mieux qu'elle fût un peu moins intelligente... Nous lui avons trouvé les partis les plus convenables. Elle les refuse étourdiment, follement... Encore hier... Après cela, son père la gâte tellement...

— Ah! c'est dommage. Vous ne sauriez croire comme on s'attache maternellement à ces enfants qu'on a menés à Jésus et à Marie... Mais vous ne me parlez pas de votre fils... un charmant garçon, fort bien, et d'âge à se marier, à ce qu'il m'a semblé...

— Vous le connaissez, monsieur l'abbé?

— J'ai eu le plaisir de le rencontrer une fois chez sa sœur, chez madame Davarande, lorsque j'ai été la voir pendant sa maladie; car, vous savez, ce sont les seules visites que nous fassions, les visites aux malades... Et puis, j'ai sur lui toutes sortes de bons renseignements. Vous êtes une mère heureuse, madame : votre fils pratique. A Pâques, il a communié chez les Pères jésuites. Il a été, il ne vous l'aura pas dit sans doute, du nombre de ces hommes du monde, vraiment chrétiens, qui ont attendu à peu près toute la nuit pour se confesser, tant il y avait foule! Oui, on ne croit pas cela, mais, Dieu merci! cela est. Des jeunes gens, mais parfaitement bien, sont restés à attendre la confession jusqu'à cinq heures du matin. Je n'ai pas besoin de vous dire combien l'Église est touchée par un tel zèle, combien elle est reconnaissante à ceux qui lui donnent cette consolation et lui rendent cet hommage, dans ce triste temps de démoralisation et d'incrédulité; combien enfin, nous tous ses serviteurs, nous sommes disposés en faveur de ces jeunes gens de bon exemple et de bonne volonté, prêts à leur donner notre faible appui, à les soutenir du peu d'influence que nous pouvons avoir dans les familles...

— Ah! monsieur l'abbé, vous êtes trop bon... et notre reconnaissance, la mienne, celle de mon fils... si vous vouliez bien vous occuper de lui... C'est une bonne pensée qui m'est venue de venir vous trouver. Mon Dieu! je venais à vous comme femme, mais je venais aussi comme mère... C'est un ange que mon fils, monsieur l'abbé... Et puis, vous pouvez tant!

L'abbé remua la tête avec un sourire de dénégation où la modestie se mêlait à la mélancolie : — Non, madame, vous vous exagérez. Nous sommes loin de ce que vous dites. Nous parvenons quelquefois à faire un peu de bien, et nous avons encore bien du mal à cela! Si vous saviez comme un prêtre est peu de chose dans ce temps-ci! On a peur de son influence, on s'écarte de lui, on ne veut point le rencontrer hors de l'église, ni lui parler hors du confessionnal... Vous-même, madame, vous seriez étonnée que votre confesseur se mêlât de votre conduite de tous les jours. Éloignement, défiance, voilà les déplorables préjugés du monde à notre égard...

— Ah! mon Dieu, mais voilà qu'il est une heure... J'ai vu votre couvert mis en arrivant... Je suis honteuse... Vous me permettrez de revenir dans quelques jours...

— Mon déjeuner est fait pour attendre, — dit l'abbé Blampoix. Et, se tournant vers un bureau plein de papiers à côté de lui, il fit signe à madame Mauperin de se rasseoir. Il y eut un instant de silence où l'on n'entendit que le bruit de l'abbé qui paperassait. Cela finit par une carte de visite cornée que l'abbé tira d'un monceau de papiers qu'il tourna vers le jour, et où il lut : — « Trois cent mille francs, rentes, obligations... Quinze mille livres de rentes le jour du mariage... père et mère morts... Six cent mille francs à la mort d'oncles et de tantes qui ne sont pas mariés et qui ne se marieront pas... Jeune personne... dix-neuf ans... charmante... plus jolie qu'elle ne le croit. » Voyez, réfléchissez, — dit l'abbé en remettant la carte dans les papiers. — Enfin, vous verrez... J'aurais aussi... oui, j'ai dans ce moment vingt-cinq mille livres de rentes en se mariant, une orpheline... Mais non, cela n'irait pas; le tuteur a besoin d'une influence : il est conseiller référendaire de seconde classe à la Cour des comptes, et il ne donnera sa pupille qu'à un gendre qui pourra le faire nommer de première classe... Ah ! attendez, voilà qui peut-être... — Et il laissa tomber en feuilletant des notes : — Vingt-deux ans, pas jolie... des talents d'agrément... intelligente, se mettant bien ; le père, quinze cent mille francs; trois enfants, une fortune solide. Il a d'abord la maison rue de Provence, où sont les bureaux de la *Sécurité;* une terre dans l'Orne, deux cent mille francs dans le Crédit foncier... Un homme assez entier, d'origine portugaise. La mère n'est rien dans la maison. Il n'y a pas de famille, et même le père vous en voudrait si vous voyiez les parents... Je ne vous cache rien, vous voyez... on les réunit une fois par an à un dîner de famille, et c'est tout... Le père donnera trois cent mille francs de dot; il tient à avoir sa fille chez lui.

Et, refeuilletant ses notes : — Oui, — fit l'abbé, — c'est tout ce que je vois pour vous en ce moment... Voyez, causez de tout cela avec votre fils, chère madame. Consultez monsieur votre mari. Je me mets à votre entière disposition. Si vous pouviez, à la première visite que j'aurai l'honneur de recevoir de vous, m'apporter quelques chiffres, une petite note... qui pût me renseigner sur les intentions où vous êtes pour l'établissement de votre fils... Et puis amenez-moi donc votre fille : je serai enchanté de la revoir, cette chère enfant.

— Si vous vouliez bien, monsieur l'abbé, m'indiquer une heure où je vous dérangerais un peu moins qu'aujourd'hui?

— J'appartiens, madame, à tous ceux qui ont besoin de moi, et je suis trop honoré... Il n'y a que si vous veniez me voir dans quinze jours d'ici... Je serai alors tout à fait à la campagne, je ne viendrai plus qu'un jour à Paris... Oui, c'est une nécessité à laquelle il a bien fallu me résoudre; j'arrive à la fin de l'hiver tellement affaibli... J'ai tant d'affaires... et puis je suis tué par ces quatre étages. Mais que voulez-vous? Il faut bien payer un peu le droit d'avoir une chapelle, la permission précieuse de dire la messe chez soi... Une chapelle, vous savez, personne ne peut coucher au-dessus... Eh! mais, j'y pense, pourquoi ne viendriez-vous pas me voir là-bas à la campagne, à Colombes?... C'est une promenade. J'ai des fruits... c'est ma vanité de propriétaire. Je vous offrirai un goûter sans cérémonie, à vous, chère madame, à votre chère fille... Votre excellent fils ne me fera-t-il pas le plaisir de vous accompagner?

VII

Un quart d'heure après, un domestique en veste rouge ouvrait, au coup de sonnette de madame Mauperin, la porte d'un entre-sol de la rue Taitbout.

— Bonjour Georges... Mon fils y est?

— Oui, madame, monsieur y est.

Madame Mauperin avait souri au domestique de son fils. En passant, elle sourit à l'appartement, aux objets, aux meubles.

Elle entra dans le cabinet. Henri écrivait en fumant. Il fit : — Tiens! — écarta son cigare de sa bouche, renversa sa tête sur le dossier de son fauteuil pour être embrassé par sa mère; puis, se remettant à fumer : — Comment, c'est toi, maman?... à Paris, aujourd'hui? Tu ne m'en avais pas dit un mot... Qu'est-ce qui t'amène?

— Oh! des courses, des visites... tu sais, je me laisse toujours arriérer... Comme tu es donc bien ici!

— Ah! c'est vrai, tu n'avais pas vu mes nouveaux arrangements.

— Mon Dieu! que tu sais donc bien t'arranger!... Il n'y a que toi vraiment... Tu n'as pas d'humidité ici, bien sûr? — Et madame Mauperin appliqua la main contre le mur. — Recommande bien à Georges de donner de l'air chaque fois que tu t'en vas, n'est-ce pas?

— Oui, oui, mère — dit Henri de ce ton d'ennui avec lequel on répond à un enfant.

— Oh! pourquoi as-tu ça? Je ne veux pas que tu en aies... — Madame Mauperin venait d'apercevoir au-dessus d'une bibliothèque deux épées de combat. — Rien que de les voir!... Quand on pense!...

Madame Mauperin ferma un instant les yeux et s'assit. — Tu ne sais pas ce que votre diable de vie de garçon nous fait trembler!... Si tu étais marié, il me semble que je ne serais plus si tourmentée... Je voudrais bien te voir marié, Henri!

— Moi aussi, je t'assure.

— Bien vrai? Voyons, les mères, tu sais... on n'a pas de secrets pour elles... J'ai peur... quand je te vois comme tu es, joli garçon, distingué, spirituel, ayant tout pour plaire... Tu es si bien fait pour être aimé!... Eh bien, j'ai peur...

— De quoi?

— Que... que tu n'aies une raison... pour ne pas...

— Pour ne pas me marier, n'est-ce pas? Une chaîne, n'est-ce pas?

Madame Mauperin fit oui de la tête.

Henri partit d'un éclat de rire :

— Ah! ma bonne maman, si j'en avais une, sois tranquille, elle serait limée! Un jeune homme qui se respecte n'en porte pas d'autre...

— Alors, veux-tu me dire pour mademoiselle Herbault... C'est bien toi qui as fait tout rompre...

— Mademoiselle Herbault? La présentation à l'Opéra avec mon père? Ah! non... Oui, oui, mademoiselle Herbault... le dîner chez madame Marquisat, n'est-ce pas? la dernière, enfin? Un guet-apens où tu m'as envoyé sans me dire gare! Il faut avouer que tu es d'une innocence!... On m'annonce : *Môssieu Henri Mauperin!* une de ces annonces ronflantes qui disent : « Voilà le futur! » Je trouve les candélabres du salon allumés. La maîtresse de maison, que j'ai bien vue deux fois dans ma vie, m'accable de sourires; son fils, que je ne connais pas, me serre les mains. Il y a dans le salon une mère et une fille qui n'ont pas l'air de me voir : très-bien! Naturellement, on me place à dîner à côté de la jeune personne : famille de province, fortune en fermes, goûts simples... je vois tout cela à la soupe. La mère, de l'autre côté de la table, était en arrêt sur nous; une mère impossible, qui avait une toilette!... Je lui demande, à la fille, si elle a vu le *Prophète* à l'Opéra. — Oui, c'est superbe. — Il y a surtout cet effet au troisième acte. — Ah! oui, cet effet... cet effet... — Elle ne l'avait pas vu plus que

moi! Une menteuse, d'abord. Je m'amuse à la pousser là-dessus; cela la rend grinchue. On passe au salon.
— Quelle jolie robe! avez-vous remarqué? me dit la maîtresse de la maison. Croiriez-vous que je lui connais cette robe-là depuis cinq ans? Emmeline est d'un soin! Elle a un ordre! — Des grigous qui voulaient me mettre dedans...

— Tu crois? Pourtant les renseignements...

— Une femme qui fait durer ses robes cinq ans! Cela dit tout, cela suffit! On voit sa dot dans un bas de laine! On voit une fortune en terres, deux et demi de l'argent, les réparations, les impôts, les procès, les fermiers qui ne payent pas, le beau-père qui vous estime des biens invendables... Non, non, je ne suis pas assez jeune... Je veux me marier, mais bien me marier... Laisse-moi faire, tu verras. Sois tranquille, je ne suis pas de ceux qu'on prend avec un : *Elle a de si beaux cheveux et elle aime tant sa mère!*... Vois-tu, maman, sans en avoir l'air, j'ai beaucoup réfléchi au mariage... Ce qu'il y a de plus difficile à gagner dans ce monde, ce qui se paye le plus cher, ce qu'on s'arrache et ce qui se conquiert, ce qu'on n'obtient qu'à force de génie, de chance, de bassesses, de privations, d'efforts enragés, de persévérance, de résolution, d'énergie, d'audace, de travail, c'est l'argent, n'est-ce pas? c'est le bonheur et l'honneur d'être riche, c'est la jouissance et la considération du million. Eh bien! j'ai vu qu'il y avait un moyen d'arriver à cela, à l'argent, tout droit et tout de suite, sans fatigue, sans peine, sans génie, simplement, naturellement, immédiatement et honorablement : ce moyen, c'est le mariage... J'ai encore vu ceci : c'est qu'il n'y avait besoin ni d'être supérieurement beau, ni d'être étonnamment spirituel pour faire un mariage riche; il fallait seulement le vouloir, le vouloir froidement et de toutes ses forces, masser sur cette carte-là toutes ses chances, faire en un mot sa carrière de se marier... J'ai vu enfin qu'en jouant ce jeu-là, il n'est pas plus difficile de faire un mariage extraordinaire qu'un mariage ordinaire, d'épouser deux cent mille francs de dot que douze cent mille : cela dépend du sang-froid et de la veine; la mise est la même. Dans un temps ou des ténors épousent huit cent mille livres de rentes, il n'y a plus d'arithmétique. Voilà ce que je voulais te dire, et je suis sûr que tu m'as compris...

Henri Mauperin ajouta, en prenant la main de sa mère, ébahie d'étonnement, d'admiration, presque de respect : — Ne te tracasse pas... je me marierai bien... et peut-être mieux que tu ne penses...

Et Henri, sa mère sortie, reprenant la plume, et continuant l'article qu'il avait commencé pour la *Revue économique*, écrivit : « ... La trajectoire de l'humanité est une spirale, et non un cercle... »

VIII

Henri Mauperin avait, comme beaucoup de jeunes gens du temps présent, non l'âge de sa vie, mais l'âge de son temps. La froideur de la jeunesse, ce grand signe de la seconde moitié du dix-neuvième siècle, marquait toute sa personne. Il paraissait sérieux et on le sentait glacé. On reconnaissait en lui ces éléments contraires au tempérament français, qui constituent dans notre histoire les sectes sans flamme et les partis sans jeunesse, hier le jansénisme, aujourd'hui le doctrinarisme. Henri Mauperin était un jeune doctrinaire.

Il avait été de cette génération d'enfants que rien n'étonne, que rien n'amuse, qui vont sans fièvre au spectacle où on les mène, et en reviennent sans éblouissement. Tout jeune, il était déjà sage et réfléchi. Au collége, il ne lui arriva pas en classe de rêver, la tête dans les mains, les coudes sur un dictionnaire, les yeux dans l'avenir. Il n'eut point ces tentations de l'inconnu et ces premières visions de la vie qui remplissent de trouble et de délices les imaginations de seize ans, entre les quatre murs d'une cour aux fenêtres grillées contre lesquels rebondissent les balles, et que franchissent les pensées. Il y avait dans sa classe deux ou trois fils d'illustrations politiques : il se lia avec eux. En rhétorique, il pensait au cercle où il se ferait recevoir.

Sorti du collége, Henri demeura sage et cacha ses vingt ans. Sa vie de garçon ne fit pas de bruit. On ne le rencontra ni où l'on joue, ni où l'on boit, ni où l'on se compromet, mais dans des salons graves, attentif et empressé auprès des femmes déjà mûres. Ce qui l'aurait desservi ailleurs le servit là. Sa froideur fut agréée comme un charme ; son sérieux eut presque l'effet d'une séduction. Il est des modes pour les grâces de l'homme. Le règne de Louis-Philippe, avec ses grandes fortunes d'universitaires, venait d'habituer les grands salons politiques et littéraires de Paris à priser dans un homme de salon ce je ne sais quoi de sa robe que traîne dans le monde un professeur, même lorsqu'il est devenu ministre. Au goût des qualités d'esprit vives, gaies, étourdies, avait succédé chez les femmes de la haute bourgeoisie le goût de la parole qui sent le cours, de la science qui sort de la chaire, d'une sorte d'amabilité doctorale. Le pédant n'effrayait pas, même vieux ; jeune, il devait plaire, et le bruit courut qu'Henri Mauperin plaisait beaucoup.

C'était un esprit pratique. Il professait le culte de l'utile, des vérités mathématiques, des religions positives et des sciences exactes. Il avait de la compassion pour l'art, et soutenait qu'on n'avait jamais mieux fait que maintenant les meubles de Boule. L'économie politique, cette science qui mène à tout, lui étant apparue en entrant dans le monde comme une vocation et comme une carrière, il s'était fait résolûment économiste. Il avait appliqué à cette étude sèche une intelligence étroite, mais patiente, appliquée, et tous les quinze jours il lançait dans de grandes Revues quelque gros article, bourré de chiffres, que les femmes passaient, et que les hommes disaient avoir lu.

Par l'intérêt qu'elle porte aux classes pauvres, par la préoccupation qu'elle a de leur bien-être, par le compte algébrique qu'elle tient de leurs misères, l'économie politique avait naturellement donné à Henri Mauperin une couleur de libéralisme. Ce n'est pas qu'il fût d'une opposition bien tranchée : ses opinions marchaient seulement en avant des principes gouvernementaux, dans ce gros de convictions qui vont au-devant de l'avenir, préparent leurs chances, et font des avances à ce qui peut arriver. Un trait, une allusion voilée, dont il envoyait par ses amis le sens et la clef dans les salons, il bornait à cela sa guerre contre le pouvoir. Au fond, il était plutôt en coquetterie qu'en hostilité avec le régime actuel. Des liaisons de salon, des rencontres de société le tenaient à portée des influences gouvernementales et sur la lisière du patronage de l'administration. Il préparait les travaux et corrigeait les épreuves d'un haut fonctionnaire fort occupé et qui n'avait guère que le temps de signer ses livres. Il s'était « mis très-bien » avec son préfet, espérant par lui se pousser au conseil général, et de là à la Chambre. Il excellait à ces doubles jeux, à ces compromis, à ces arrangements qui le faisaient tenir à tout, sans se brouiller avec rien. Libéral et économiste, il avait trouvé moyen de désarmer les défiances et les hostilités des catholiques contre sa personne et contre ses doctrines. Il s'était ménagé, parmi eux, des indulgences, des sympathies ; il était parvenu à être agréable aux hommes du clergé et à flatter l'Église en rattachant le progrès matériel au progrès spirituel, la foi économique à la foi catholique, Quesnay à saint Augustin, Bastiat à l'Évangile, la statistique à Dieu.

Puis, en dehors de ce programme, l'alliance de la religion et de l'économie politique, un arrière-fond de religiosité, des pratiques de piété cachées, mais régulières, lui valaient l'estime affectueuse de l'abbé Blampoix et le ralliaient secrètement à la société croyante et pratiquante.

Henri Mauperin avait pris son appartement de la rue Taitbout pour donner des soirées de jeunes gens, soirées sérieuses autour d'une table ressemblant à un bureau, où les invités causaient du droit naturel, de l'assistance publique, des forces productives, de la *multiplicabilité* de l'espèce humaine. Henri essayait de tourner ces soirées en espèces de conférences. Il y triait les hommes et y cherchait les éléments du grand salon qu'il voulait avoir à Paris, aussitôt qu'il serait marié; il y attirait les autorités et les notabilités de la science économique; il y appelait à l'honneur d'une sorte de présidence des membres de l'Institut, poursuivis de ses politesses et de ses réclames, et qui devaient un jour, selon ses plans, le faire asseoir à côté d'eux dans la section des Sciences morales et politiques.

Mais c'était dans l'exploitation de l'association que Henri avait montré tous ses talents, toutes ses habiletés. Il s'était attaché du premier coup à ce grand moyen d'arriver des zéros, qui fait que l'homme n'est plus un, mais une unité reliée à un nombre. Il avait pris pied dans les associations de tout genre. Il était entré à la conférence d'Aguesseau et s'était glissé parmi tous ces jeunes gens s'essayant à parler, faisant leur éducation de tribune, leur apprentissage d'orateur, leur stage d'homme d'État, pour les luttes parlementaires à venir. Clubs, réunions et banquets d'anciens élèves de collége, conférences d'avocats, sociétés d'histoire, de géographie, de secours, de sciences, de bonnes œuvres, il n'avait rien négligé. Partout, dans tous les centres qui donnent à l'individu un rayonnement et le font bénéficier de l'influence collective d'un groupe, il s'était montré et multiplié, amassant les connaissances, nouant les relations, cultivant les amitiés, les sympathies qui pouvaient le mener à quelque chose, jetant les jalons de ses ambitions, marchant, de bureaux de société en bureaux de société, à une importance, à une notoriété souterraine, à un de ces noms que la politique fait éclater un beau jour.

Du reste, pour ce rôle, rien ne lui manquait. Verbeux et remuant, il faisait tout le bruit qui mène au succès dans notre siècle : il était médiocre avec éclat.

Dans le monde, il récitait rarement ses articles. Mais il mettait d'ordinaire et naturellement une main dans son gilet, à la façon de M. Guizot dans le portrait de Delaroche.

IX

— Tiens! — dit Renée, tout essoufflée comme un enfant qui a couru, en entrant à onze heures dans la salle à manger, — je croyais que tout le monde était descendu... Où est donc maman?

— Elle est à Paris... pour des courses, — répondit M. Mauperin.

— Ah! et Denoisel?

— Il a été voir l'homme aux pentes... on l'aura retenu à déjeuner. Mettons-nous à déjeuner.

— Bonjour, papa! — Et au lieu de s'asseoir, Renée allant à son père lui jeta les deux bras autour du cou et se mit à l'embrasser.

— Allons! allons! voyons, folle, — disait M. Mauperin. Et il souriait en se débattant.

— Laisse-moi t'embrasser à la pincette, tiens, comme cela...

Et elle lui prit les joues.

— Que tu es enfant, mon Dieu!

— Regarde-moi... que je voie si tu m'aimes un peu...

Et Renée, se relevant sur un baiser, s'écarta de son père, dont elle tenait toujours la tête au bout de ses bras. Ils se regardèrent ainsi doucement, profondément, les yeux dans les yeux.

La porte-fenêtre de la salle à manger était ouverte et laissait entrer dans la pièce les clartés du dehors, les parfums et les bruits du jardin. Un rayon qui sautait sur la table glissait sur la porcelaine, et brillait dans les verres. Un air léger courait dans le jour gai; des ombres de feuilles tremblaient mollement sur le parquet. On entendait vaguement des ailes dans les arbres, des joies d'oiseaux dans les fleurs, au loin.

— Rien que nous deux!... que c'est gentil! — dit Renée en dépliant sa serviette. — Oh! la table est trop grande! je suis trop loin.

Et prenant son couvert, elle vint s'asseoir tout à côté de son père.

— Puisque j'ai mon papa pour moi toute seule aujourd'hui, je veux en jouir de mon papa. — Et elle rapprocha sa chaise de la sienne.

— Tiens! tu me rappelles le temps où tu voulais toujours faire la dînette dans ma poche... Mais tu avais huit ans dans ce temps-là...

Renée se mit à rire.

— J'ai été grondé hier, moi... — reprit M. Mauperin après un instant de silence, en reposant son couteau et sa fourchette sur son assiette.

— Ah! — fit simplement Renée en levant vers le plafond un regard ingénu; puis rabaissant sur son père des yeux de chatte : — Vrai, pauvre papa! Et pourquoi? Qu'est-ce que tu avais fait?

— Je te conseille encore de me le demander, par exemple... tu le sais mieux que moi. Comment! vilaine...

— Oh! si tu grondes, papa, je me lève... et je t'embrasse! — Et, disant cela, elle était déjà à demi levée.

— Rasseyez-vous, Renée, s'il vous plaît, — dit M. Mauperin d'un ton qui s'efforçait d'être sévère. — Vous conviendrez qu'hier, ma chère enfant...

— Oh! papa, est-ce que tu vas me dire *vous* un jour où il fait si beau temps?

7.

— Mais enfin, — fit M. Mauperin en essayant de demeurer digne devant le petit air mutin de sa fille où la caresse se mêlait au défi, — veux-tu m'expliquer... car évidemment tu l'as fait exprès...

Renée fit, en clignant malicieusement des yeux, deux ou trois petits signes de tête affirmatifs.

— Je croyais te parler sérieusement, Renée...

— Mais je suis très-sérieuse, je t'assure... puisque je t'ai dit que je l'ai fait exprès d'être comme j'ai été...

— Et pourquoi? veux-tu me le dire?

— Pourquoi? Je veux bien, mais à condition que ça ne te rendra pas trop fat... C'est parce que... parce que...

— Parce que?

— Parce que je t'aime beaucoup mieux que ce monsieur d'hier, là... mais beaucoup mieux, vrai!

— Mais alors on ne laisse pas venir les gens... Si ce jeune homme te déplaisait... Nous ne t'avons pas forcée... C'est toi qui as laissé les choses s'engager. Nous croyions, au contraire, ta mère et moi, que ce parti...

— Pardon, papa... Si j'avais refusé M. Reverchon à première vue, tout net, vous m'auriez traitée d'étourdie, de folle, de sans tête... J'entends maman d'ici... Au lieu que comme ça, qu'est-ce qu'on a à me reprocher? J'ai vu M. Reverchon, je l'ai revu, je me suis donné le temps de l'apprécier, je me suis bien convaincue d'une antipathie qui est peut-être très-bête, mais qui est...

— Mais pourquoi ne pas nous le dire? Nous aurions trouvé mille moyens de rompre...

— Tu es un ingrat, papa. Je vous ai sauvé cet ennui. Le jeune homme se retire, vous n'y êtes pour rien... Tout vient de moi... Et voilà comme on me sait gré de mon dévouement! Une autre fois...

— Écoute-moi, chère enfant. Si je te parle ainsi, c'est qu'il s'agit de ton mariage... Ton mariage! J'ai été longtemps à me faire à cette idée, me séparer de toi... Les pères sont égoïstes, vois-tu : ils voudraient que vous ne vous envoliez jamais... Ils ont tant de peine à se figurer cela, leur bonheur sans votre sourire, leur maison sans votre robe qui passe! Mais il faut bien se faire une raison. Maintenant, il me semble que j'aimerai mon gendre... C'est que je suis vieux, ma chère petite Renée, — et M. Mauperin prit dans ses deux mains les deux mains de sa fille. — Ton père a soixante-huit ans, mon enfant... Je n'ai que le temps de te voir heureuse... Ton avenir, si tu savais! c'est ma pensée, c'est mon tourment... Ta mère t'aime bien aussi, je le sais; mais il y a entre son caractère et le tien... Et si je m'en allais... Mon Dieu! il faut voir les choses, et à mon âge... Vois-tu, l'idée de te quitter sans te voir un mari, des enfants... des affections qui pourraient remplacer dans ton cœur l'affection de ton vieux papa qui ne serait plus là...

M. Mauperin ne put finir : sa fille l'étreignait en étouffant de sanglots, et pleurait sur son gilet.

— Ah! c'est méchant, méchant... — dit-elle en

suffoquant. — Pourquoi en parler?... Jamais! Jamais! — Et d'un geste elle repoussa l'ombre de sa pensée.

M. Mauperin l'avait assise sur ses genoux. Il la serra dans ses bras, la baisa au front, et lui dit : — Ne pleure plus.

Elle répéta encore : — Jamais!... Méchant! — comme si elle se débattait avec la fin d'un mauvais rêve. Puis, essuyant ses yeux avec le dos de sa main, elle dit à son père :

— Laisse-moi aller pleurer un peu toute seule, — et s'enfuit.

— Ce Dardouillet est décidément fou, — dit Denoisel en entrant. — Figurez-vous que je n'ai jamais pu m'en dépêtrer... Ah! vous êtes seul?

— Oui... ma femme est à Paris... Renée vient de remonter.

— Mais quel air vous avez, monsieur Mauperin?

— Moi?... Non. C'est une petite scène avec Renée... que je viens d'avoir... à propos de ce mariage, de ce Reverchon... J'ai fait la bêtise de lui dire que j'étais pressé de voir mes petits-enfants... que les papas de mon âge n'étaient pas immortels... Là-dessus... La pauvre enfant est si sensible, vous savez... Elle est maintenant dans sa chambre à pleurer. N'y allez pas... Il lui faut le temps de se remettre... En attendant, je vais voir mes ouvriers.

Denoisel, resté seul, alluma un cigare, prit un livre

et se mit à lire sur un des bancs du jardin. Il y avait bien deux heures qu'il était là, lorsqu'il vit venir Renée. Elle était en chapeau et sur sa figure animée brillait une certaine joie, une sorte d'exaltation sereine et tendre.

— Tiens ! vous étiez sortie ? Et d'où venez-vous?

— D'où je viens? — fit Renée en dénouant les rubans de son chapeau. — Eh bien, je vais vous le dire à vous, parce que vous, vous êtes mon ami... — Et se décoiffant, puis relevant la tête avec ce joli mouvement que les femmes ont pour secouer leurs cheveux :

— Je viens de l'église, et si vous voulez savoir ce que j'y ai été faire... j'ai demandé à Dieu de mourir avant papa... J'étais devant une grande statue de la Vierge... vous n'allez pas rire... cela me ferait de la peine si vous riiez... C'était peut-être le soleil, ou de toujours la regarder, je ne sais pas... il m'a semblé un moment qu'elle me faisait comme ça.—Et Renée fit oui d'un signe de tête. — Je suis bien heureuse tout de même... et j'ai bien mal aux genoux, aussi, par exemple... car j'ai prié tout le temps à genoux, sans chaise, sans rien, sur les dalles...Ah ! je priais pour de bon... on ne peut pas me refuser ça !

X

A quelques jours de là, monsieur et madame Mauperin, Henri, Renée et Denoisel étaient réunis après dîner dans le petit jardin qui s'étendait derrière la maison, en se resserrant entre les murs des bâtiments de la raffinerie. Le grand arbre du jardin était un grand sapin. On avait laissé monter des rosiers dans ses premières branches et ses bras verts remuaient des roses. On voyait sous l'arbre une balançoire, derrière l'arbre des fourrés de lilas et des charmilles; devant, il y avait un rond de gazon, un banc et un tout petit bassin à la margelle de pierre blanche, dont le jet d'eau n'allait plus : il était plein de plantes aquatiques, et tout au fond, dans un reste d'eau, des salamandres toutes noires nageaient.

— Tu ne penses donc plus du tout à jouer la comédie? Renée, — demanda Henri à sa sœur. — C'est un projet tout à fait abandonné?

— Abandonné, non.., mais qu'est-ce que tu veux? ce n'est pas ma faute, moi, je jouerais sur la tête. Mais je ne trouve personne... et à moins de jouer un monologue... Denoisel m'a refusé... Toi, l'homme grave, — dit-elle à son frère, — je n'ai pas besoin de te demander...

— Moi, je jouerais très-bien... — dit Henri.

— Toi, Henri?— fit madame Mauperin avec étonnement.

— Et puis les hommes, ce n'est pas ce qui manque, — reprit Renée, — on a toujours des hommes pour jouer. Mais c'est la partie femme... Ah! voilà, le côté des dames... Je ne vois personne pour jouer avec moi...

— Oh! — dit Henri, — en cherchant dans toutes nos connaissances, je parie bien...

— Voyons... La fille de M. Durand... Ma foi! la fille de M. Durand, hein? Ils sont à Saint-Denis... ça serait commode pour les répétitions... Elle est un peu serine, mais il me semble que pour le rôle de madame de Chavigny...

— Ah! — fit Denoisel, — vous voulez toujours jouer le *Caprice?*

— De la morale?... Mais puisque je le jouerai avec mon frère...

— Et la représentation sera au profit des pauvres, j'espère? — reprit Denoisel.

— Pourquoi cela?

— Cela disposera la salle à la charité...

— On verra, monsieur, on verra... Voyons, Emma Durand, hein, maman, qu'en dis-tu?

— Ce n'est pas de notre société, ça, ma chère enfant, — répondit vivement madame Mauperin, — c'est très-bien à voir de loin, ces gens-là... mais on sait d'où ils sortent... de la rue Saint-Honoré. Madame Durand allait très-bien recevoir les dames à la portière de leur voiture... Pendant ce temps-là,

M. Durand passait par une porte de derrière et menait boire les domestiques chez le marchand de vin du coin... Voilà leur fortune, aux Durand !

Quoiqu'elle fût au fond une excellente femme, madame Mauperin manquait rarement l'occasion de rabaisser ainsi, avec des expressions d'un mépris et d'un dégoût superbes, la fortune, l'origine, la position de toutes les personnes qu'elle connaissait. Ce n'était point par méchanceté, par plaisir de calomnier ou de médire ; ce n'était point davantage par envie : elle niait la considération, l'honorabilité, elle niait même les revenus qu'on prêtait aux gens, simplement par un prodigieux orgueil bourgeois, par la conviction que, hors de son sang, il n'y avait point de sang pur, hors de sa famille point d'honnête famille, hors des siens rien que des gueux ou à peu près, hors de ce qu'elle possédait rien de solide, hors de ce qu'elle avait rien de mérité.

— Et penser que sur tous les gens que nous connaissons ma femme a des histoires comme ça ! — dit M. Mauperin.

— Voyons, papa, si on prenait la jolie petite Remoli, hein ?

— Demande à ta mère. Parlez, madame Mauperin.

— La petite Remoli ? Mais, mon ami, vous savez bien ?

— Je ne sais rien.

— Comment ? L'histoire de son père, vous ne savez pas ? Un malheureux stucateur italien... Il vient à Paris sans le sou, il achète, avec je ne sais quel argent, une baraque et un petit terrain à Montparnasse, et il trouve là-dedans, dans son terrain, un vrai Montfaucon! Il a vendu pour huit cent mille francs de poudrette! Et puis il a tripoté à la Bourse... Pouah!

— Ah çà! — fit Henri, — il me semble que vous allez chercher bien loin... Pourquoi ne pas demander à mademoiselle Bourjot?... Ils sont précisément à Sannois dans ce moment-ci...

— Mademoiselle Bourjot? — demanda madame Mauperin.

— Noémi? — reprit vivement Renée — je crois bien que je voudrais... Mais je l'ai trouvée d'un froid avec moi cet hiver... Elle a quelque chose... je ne sais pas...

— Elle a... elle a qu'elle aura trois cent mille livres de rentes, — interrompit Denoisel, — et les mères surveillent ces filles-là... elles ne les laissent pas trop se lier avec une sœur qui a un frère... On lui aura fait la leçon, voilà tout.

— Et puis, ils sont si hauts, ces gens-là! on croirait qu'ils descendent de...

Et madame Mauperin, s'interrompant, demanda à Henri :

— Malgré ça, ils ont toujours été très-bien pour toi, n'est-ce pas, Henri? Elle est toujours aimable pour toi, madame Bourjot?

— Elle s'est même plainte à moi plusieurs fois de ne pas vous avoir vue à ses soirées... que vous n'ameniez pas assez souvent Renée à sa fille.

— Vraiment? — dit Renée tout heureuse.

— Mauperin, — fit madame Mauperin, — qu'est-ce que tu dis, toi, de ce que dit Henri? mademoiselle Bourjot?...

— Quelle objection veux-tu que je fasse?

— Alors, — dit madame Mauperin, — on adopte l'idée d'Henri. Nous irons samedi. Veux-tu, Mauperin?... Tu viendras avec nous, Henri.

Quelques heures après, tout le monde était couché. Henri Mauperin, seul debout, marchait de long en large dans sa chambre, en fumant un cigare éteint. De temps en temps, l'on eût dit qu'il souriait à sa pensée.

XI

Souvent, dans la journée, Renée allait peindre dans un petit atelier bâti avec les démolitions d'une serre, caché au fond du jardin, rustique et comme mêlé à la verdure, muré de lierre, tenant à la fois de la ruine et du nid.

Sur une table couverte d'un tapis algérien, il y avait ce jour-là dans le petit atelier un cornet du Japon à dessins bleus, un limon, un vieil almanach rouge aux armes de France, et encore deux ou trois objets à couleurs vives groupés le plus naturellement possible pour faire tableau, sous le jour qui tombait du toit en vitrage. Devant la table, Renée peignait cela, sur une toile qui avait déjà ses dessous, avec des pinceaux fins comme des épingles. La jupe de sa robe de piqué blanc débordait en flots amples de chaque côté du tabouret sur lequel elle était assise. Elle avait cueilli dans le jardin, en passant, une rose blanche et l'avait piquée dans ses cheveux bouffants, au-dessus de son oreille. Son pied, dépassant sa jupe, chaussé d'un soulier découvert, laissait voir un peu du blanc de son bas, en s'appuyant sur la traverse du chevalet.

Près d'elle, Denoisel, la regardant travailler, essayait un mauvais dessin de son profil sur un album ramassé dans un coin.

— Ah! vous posez joliment, — fit-il en retaillant son crayon. — J'aimerais autant attraper un omnibus que votre ressemblance... Vous n'arrêtez pas... Si vous remuez toujours comme ça...

— Ah çà! Denoisel, pas de bêtises avec votre portrait... J'espère que vous allez me flatter un peu...

— Pas plus que le soleil. J'ai la conscience du daguerréotype...

— Faites voir, — dit-elle en renversant le haut du corps vers Denoisel et en croisant sur sa poitrine son appuie-main et sa palette.

— Oh! je ne suis pas belle... — Et se remettant à peindre : — Vrai, je ressemble... je ressemble à ça?

— Un peu... Voyons, Renée, là, franchement, qu'est-ce que vous vous croyez?... belle?

— Non.

— Jolie ?

— Non... non...

— Ah ! vous avez réfléchi, cette fois-ci...

— Oui, mais je l'ai dit deux fois.

— Bon. Si vous ne vous croyez ni belle, ni jolie, vous ne vous croyez pas non plus...

— Laide ? Non. C'est vrai. C'est très-difficile à vous expliquer... Il y a des jours où, en me regardant, je me trouve... comment vous dire cela ? Enfin, je me plais... Ce n'est pas ma figure, je le sais bien... c'est un air que j'ai ces jours-là, quelque chose qui est en moi et que je sens passer dans mes traits... Je ne sais pas quoi, du bonheur, du plaisir, de la vivacité, une émotion... ce que vous voudrez ! J'ai des moments comme cela, il me semble, ou je trompe joliment mon monde... Ce qui n'empêche pas que j'aurais aimé être belle...

— Tiens, tiens, tiens...

— C'est agréable, pour soi, il me semble... Tenez ! j'aurais voulu être grande... avec des cheveux très-noirs... C'est bête d'être presque blonde... C'est comme la peau blanche... j'aurais eu une peau, mon Dieu ! comme madame Stavelot... un peu orangée... j'aime cela, moi, c'est un goût... Et puis j'aurais eu du plaisir à regarder ma glace... j'aurais fait des belles lignes dans mon lit... C'est comme quand je marche pieds nus le matin, sur mon tapis, en me levant : j'aimerais avoir des pieds de statue que j'ai vus... une idée !

— Comme cela, vous ne tiendriez pas à être belle pour les autres?

— Oui et non. Pas pour tout le monde... pour ceux que j'aime seulement. On devrait être laide pour les indifférents, les gens qu'on n'aime pas : est-ce que vous ne trouvez pas? Ils n'auraient que ce qu'ils méritent...

Denoisel s'était remis à crayonner. — Que c'est drôle, votre idéal, de rêver d'être brune! — fit-il au bout d'un instant de silence.

— Qu'est-ce que vous rêveriez, vous?

— Si j'étais femme? Je rêverais d'être une petite femme ni brune ni blonde...

— Châtain alors?

— Et grasse... oh! grasse comme une caille...

— Grasse? Ah! je respire... C'est que j'ai eu peur un moment d'une déclaration... Il a fallu que le jour vous donnât sur les cheveux pour que je pense à vos quarante ans.

— Vous ne me vieillissez pas, Renée, c'est mon âge... Mais savez-vous le vôtre, pour moi?

— Non.

— Douze ans... et vous y resterez toujours.

— Merci, mon ami, c'est ce que je veux, — dit Renée; — comme ça je pourrai vous dire toutes les bêtises qui me passeront par la tête... Denoisel! — reprit-elle après un silence, — avez-vous jamais été amoureux? — Et, se reculant un peu de sa toile, elle la regarda de côté, la tête un peu penchée sur l'épaule, pour voir l'effet du ton qu'elle venait de poser.

— Eh bien! vous commencez bien! — répondit Denoisel, — voilà une question...

— Qu'est-ce qu'elle a, ma question? Je vous demande ça comme je vous demanderais autre chose. Il me semble qu'il n'y a rien... Ça ne peut donc pas se demander en société? Voyons, Denoisel : vous me donnez douze ans, c'est très-bien, je les accepte, mais j'en ai aussi vingt. Je suis une jeune personne, c'est vrai ; mais si vous croyez que les jeunes personnes, à mon âge, n'ont jamais lu de romans ni chanté des romances... ce sont des grimaces, ça, c'est la pose à l'innocence... Après tout, c'est comme vous voudrez... Si vous ne me trouvez pas l'âge, je rengaîne ma question. Moi, je croyais que nous étions entre hommes quand nous causions tous les deux...

— Eh bien! puisque vous tenez à le savoir, oui, mademoiselle, j'ai été amoureux.

— Ah!... Et quel effet ça vous a-t-il fait d'être amoureux?

— Ma chère amie, vous n'avez qu'à relire les romans que vous avez lus : vous y trouverez cet effet-là à toutes les pages...

— Tenez! c'est précisément ce qui m'intrigue beaucoup : tous les livres qu'on lit sont remplis d'amour, il n'y a que de ça! Et puis, dans la vie, on n'en voit pas... Moi, du moins, je n'en vois pas ; je vois, au contraire, tout le monde qui s'en passe, et très-bien... Il y a des jours où je me demande si ce n'est pas fait seulement pour les livres, si ce n'est pas une imagination d'auteur, vraiment.

Denoisel se mit à rire : — Dites-moi, Renée, puisque nous sommes là entre hommes, comme vous dites, et que nous nous parlons cœur à cœur, franchement, en vieux amis, voulez-vous bien me laisser vous demander à mon tour si vous avez eu jamais, non de l'amour, mais... mais un sentiment pour quelqu'un?

— Non, jamais, — répondit Renée après un instant de réflexion. — Mais moi, je ne suis pas un exemple. Je crois que ces choses-là arrivent surtout aux personnes qui ont le cœur vide, le cœur inoccupé, qui ne sont pas remplies, possédées, défendues par une de ces affections qui vous prennent et vous gardent toutes, par exemple l'affection qu'on a pour un père...

Denoisel ne répondit pas.

—Vous ne croyez pas que cela préserve?— lui dit Renée.— Eh bien! je vous assure bien, j'ai beau chercher à me rappeler... Oh! je fais mon examen de conscience complet... et bien sincère, je vous jure... Voyons... dans mon enfance, je ne vois rien... non, rien du tout... J'avais pourtant des petites amies qui n'étaient pas plus grandes que moi; elles embrassaient, quand on ne les voyait pas, le fond de casquette des petits garçons qui jouaient avec nous; elles ramassaient sur l'assiette où ils avaient mangé leurs noyaux de pêche qu'elles serraient dans une boîte, et elles couchaient avec la boîte, oui, je me souviens. Tenez, Noémi, mademoiselle Bourjot était très-forte pour tout ça... Mais, moi, je jouais tout bonnement.

— Et plus tard, quand vous n'avez plus été une enfant ?

— Plus tard... j'ai toujours été une enfant pour ça... Non, rien, pas une impression, je ne me rappelle pas... C'est-à-dire... je vais être tout à fait franche avec vous... j'ai eu un petit, tout petit commencement de ce que vous dites, un peu de cette émotion que j'ai reconnue après dans les romans... Et savez-vous pour qui ?

— Non.

— Pour vous. Oh! ce n'a été qu'un instant... Je vous ai aimé bien vite autrement... et mieux... avec de l'estime et de la reconnaissance. Je vous ai aimé pour m'avoir corrigée de mes défauts d'enfant gâtée, m'avoir ouvert l'esprit, m'avoir élevée aux choses belles, aux choses nobles, aux choses généreuses, tout cela avec des blagues, mais avec des blagues qui blaguaient tout ce qu'il y a de laid, ce qu'il y a de misérable, ce qu'il y a de plat, tout ce qui est vil et lâche! Vous m'avez appris à jouer à la balle et à m'ennuyer avec les imbéciles. Beaucoup de ce que je pense, beaucoup de ce que je suis, un peu du peu que je vaux, je vous le dois; j'ai voulu vous le rendre avec une bonne et solide amitié, en vous donnant cordialement, comme à un camarade, quelque chose de l'amour que j'ai pour mon père... — Et la voix de Renée prit à ces derniers mots une note haute, un ton grave.

— Qu'est-ce que c'est que ça ? — dit M. Mauperin qui venait d'entrer, en jetant les yeux sur le croquis de Denoisel. — Ça, ma fille ! Mais c'est une affreuse diffamation... — Et M. Mauperin prenant l'album, se mit à déchirer la feuille.

— Ah ! papa, — s'écria Renée, — moi qui voulais le garder... comme souvenir !

XII

Une voiture légère, attelée d'un cheval, emportait la famille Mauperin sur la route de Sannois. Renée avait pris les guides et le fouet des mains de son frère qui fumait à côté d'elle.

Égayé par le voyage, l'air, le mouvement, M. Mauperin plaisantait sur les rencontres de la route et saluait gaiement les passants croisés par la voiture. Madame Mauperin était muette et absorbée. Enfoncée en elle-même, elle préparait et travaillait son amabilité pour le château.

— Mais, maman, — dit Renée, — tu ne dis rien... Est-ce que ça ne va pas ?

— Si, très-bien... très-bien, — répondit madame Mauperin, — mais je te dirai que cette visite m'ennuie un peu... et que sans Henri... Je trouve quelque chose de si froid à cette madame Bourjot... Il y a une hauteur dans cette maison... Oh ! mon Dieu ! ce n'est pas qu'ils m'imposent... Leurs millions ! je sais bien où ils les ont pris : ça vient d'un procédé qu'ils ont acheté à un malheureux ouvrier pour rien, pour quelques sous...

— Allons, madame Mauperin, — fit M. Mauperin, — Ils ont dû en acheter plus d'un...

— Eh bien! malgré tout ça, je n'y suis pas à l'aise, chez ces gens-là.

— Vous êtes bien bonne vraiment de vous préoccuper...

— Mais on leur dit zut à leurs grands airs! — fit mademoiselle Mauperin en donnant un coup de fouet au cheval qui couvrit le mot d'un bruit de galop.

Le malaise de madame Mauperin avait ses raisons. Sa gêne était justifiée. Tout, dans la maison vers laquelle elle allait, était combiné pour intimider les gens, les rabaisser, les écraser, les pénétrer et les accabler du sentiment de leur infériorité. L'argent y avait un étalage étudié, la fortune une mise en scène savante. L'opulence y visait à l'humiliation des autres par tous les moyens d'intimidation, par les formes violentes ou raffinées du luxe, par l'élévation des plafonds, par la grande mine impertinente des laquais, par l'huissier à chaîne d'argent planté dans l'antichambre, par la vaisselle plate sur laquelle on mangeait, par un ensemble d'habitudes princières qui faisaient asseoir à table, même en tête à tête, la mère et la fille décolletées, comme dans une petite cour allemande.

Les maîtres répondaient à ce ton de leur maison et le soutenaient. L'esprit de leur intérieur, de leur vie, de leur façon d'être, était comme incarné en eux. L'homme, avec tout ce qu'il avait emprunté à la *gentry* anglaise, ses manières, ses toilettes, ses favoris frisés, sa surface de distinction ; la femme, avec un grand ton, une suprême élégance, toutes les sécheresses de la haute bourgeoisie, représentaient admirablement l'Orgueil du Million. Leur politesse dédaigneuse, leur amabilité hautaine semblaient descendre aux personnes. De leurs goûts même, s'échappait une sorte d'insolence. M. Bourjot n'avait point de tableaux ni d'objets d'art : sa collection était une collection de pierres précieuses dans laquelle il montrait un rubis de vingt-cinq mille francs, un des plus beaux de l'Europe.

Le monde avait passé par-dessus tout cet étalage d'argent, et le salon des Bourjot, mis en vogue et en relief par une couleur d'opposition très-affichée, était un des trois ou quatre grands salons de Paris. Il s'était peuplé à la suite de deux ou trois hivers passés à Nice par madame Bourjot, sous prétexte de santé, et pendant lesquels elle avait fait de sa maison une hôtellerie de la route d'Italie, ouverte à tout ce qui passait de grand, de riche, de célèbre, de nommé. Les jours de grands concerts où madame Bourjot faisait admirer sa belle voix et son grand talent de musicienne, des gloires d'Europe s'y rencontraient avec des réputations de Paris ; le monde de la science, le monde de la haute philosophie, le monde de l'esthétique pure, y coudoyaient le monde de la politique, que représentaient un gros d'orléanistes fort compacte, et une bande de libéraux sans engagement, dans les rangs desquels Henri Mauperin figurait très-assidûment depuis un an. Là-dessus se détachaient quelques légitimistes, amenés par le mari dans le salon de sa femme : car M. Bourjot était légitimiste.

Sous la Restauration, il avait été carbonaro. Fils d'un drapier, son origine, son nom de Bourjot l'avaient, en entrant dans la vie, exaspéré contre la noblesse, les châteaux, les Bourbons. Il avait conspiré. Il s'était rencontré, *tuilé* avec M. Mauperin dans les *ventes*. On l'avait vu à tous les troubles. Il citait alors Berville, Saint-Just et Dupin aîné. Plus rassis après 1830, il s'était contenté de bouder la royauté qui lui avait volé sa république. Il lisait le *National*, plaignait les peuples, méprisait les Chambres, s'emportait contre M. Guizot, éclatait sur l'affaire Pritchard.

Tout à coup arrivait 1848; le propriétaire se réveillait épouvanté et se dressait tout droit dans le carbonaro de la Restauration, dans le libéral du règne de Louis-Philippe. La baisse de la rente, les non-valeurs des maisons, le socialisme, les projets d'impôt, les menaces au Grand-Livre, les journées de Juin, tout ce qu'il y a dans une révolution de terreurs pour la pièce de cent sous, bouleversaient et illuminaient en même temps M. Bourjot. Ses idées changeaient d'un seul coup, et sa conscience politique virait entièrement sur elle-même. Il se précipitait vers les doctrines d'ordre, il se retournait vers l'Église comme vers une gendarmerie, vers le droit divin comme vers l'absolu de l'autorité et la garantie providentielle de ses valeurs.

Malheureusement, dans cette brusque et sincère conversion de M. Bourjot, son éducation, sa jeunesse, son passé, toute sa vie s'agitaient, se débattaient, se révoltaient. En retournant aux Bourbons, il n'avait pu revenir à Jésus-Christ. Et le vieil homme s'oubliait en attaques, en échappades, en refrains d'habitude. On le sentait, en l'approchant, encore tout voltairien par places. Béranger, à tout moment, remontait en lui sur de Maistre.

Donne les guides à ton frère, Renée, — dit madame Mauperin, — je ne voudrais pas qu'on te vît conduire.

On était en face d'une grande et magnifique grille devant laquelle se dressaient deux candélabres dont on allumait le gaz le soir et qui brûlaient toute la nuit. La voiture tourna sur le sable roux d'une allée, côtoya de grands massifs de rhododendrons, arriva au perron. Deux domestiques ouvrirent les portes de glace de l'antichambre dallée de marbre et dont les hautes fenêtres étaient voilées de verdure par un large rideau d'arbustes exotiques. De là les Mauperin furent introduits dans un salon tendu de soie cramoisie qui n'avait rien aux murs qu'un tableau, le portrait de madame Bourjot en costume de bal, signé : Ingres. Par les fenêtres ouvertes, on voyait près d'une pièce d'eau une cigogne, la seule bête que M. Bourjot tolérât dans son parc, à cause de sa silhouette héraldique.

Quand les Mauperin entrèrent dans le grand salon, madame Bourjot, assise seule sur un divan, écoutait la lecture que lui faisait l'institutrice de sa fille. M. Bourjot, accoudé à la cheminée, jouait avec sa chaîne de montre. Mademoiselle Bourjot, près de la lectrice, travaillait à un métier de tapisserie.

Madame Bourjot, avec ses grands yeux d'un bleu un peu dur, ses sourcils arqués, les plis de ses paupières, son nez fier et accentué, l'avance hautaine du bas de son visage, avec sa grâce impérieuse, faisait songer à une Georges jeune dans un rôle d'Agrippine. Mademoiselle Bourjot avait des sourcils bruns très-marqués. Ses grands cils courbes laissaient voir deux yeux bleus, ardents, profonds, et qui rêvaient. Un léger duvet, follet et presque blanc, s'apercevait, quand elle était dans le jour, au-dessus de sa lèvre, vers les deux coins. L'institutrice, elle, était une de ces figures effacées, une de ces vieilles femmes que la vie a roulées, usées, au dehors comme au dedans, et qui n'ont pas plus d'effigie qu'un vieux sou.

— Mais c'est vraiment charmant, — fit madame Bourjot en se levant et en allant jusqu'à une raie du parquet au milieu du salon ; — ces chers voisins... une délicieuse surprise !... Il me semble qu'il y a un temps infini que je n'ai eu le plaisir de vous voir, chère madame, et sans votre fils qui a eu la bonté de ne point nous négliger, de venir à mes lundis soirs...
— elle donna une poignée de main à Henri qui s'in-

clina, — nous n'aurions plus su ce que vous deveniez, ce que devenait cette charmante fille... et sa maman.

— Mon Dieu, madame, — fit madame Mauperin en s'asseyant à distance de madame Bourjot, — vous êtes mille fois bonne...

— Oh ! mais venez donc là, — fit madame Bourjot, en lui faisant place à côté d'elle.

— Nous avons remis de jour en jour ; nous voulions venir tous.

— Allons, c'est très-mal, — reprit madame Bourjot, — nous ne sommes pas à cent lieues... Et c'est un meurtre de laisser ces deux enfants-là, — elle désigna Renée et Noémi — qui ont grandi ensemble, sans se voir !... Comment, on ne s'est pas encore embrassé ?

Noémi, qui était restée debout, tendit froidement la joue à Renée qui l'embrassa comme un enfant mord à un fruit.

— Chère madame, — dit en les regardant madame Bourjot à madame Mauperin, — comme c'est vieux le temps où nous les menions rue de la Chaussée-d'Antin, à ce cours qui nous ennuyait presque autant qu'elles ! Je les revois... jouant ensemble... La vôtre, qui était comme du vif-argent... un vrai diable ! Et la mienne... oh ! c'était le jour et la nuit... Mais la vôtre l'entraînait... Mon Dieu ! quelle rage de charades elles ont eue un moment, vous rappelez-vous ? quand elles prenaient toutes les serviettes de la maison pour se déguiser...

— Ah ! oui, madame, — dit Renée en riant et se

retournant vers Noémi,— notre plus beau, c'est quand nous avons fait *Marabout*, avec *Marat* dans un bain trop chaud qui disait : *je bous, je bous...* Te souviens-tu ?

— Oh! je me rappelle bien, — fit Noémi en réprimant mal un sourire, — mais c'était toi qui avais trouvé cela.

— Eh bien! madame, je suis enchantée de vous trouver d'avance si bien disposée à ce que je viens vous demander; car je vous fais une visite intéressée. C'est précisément pour réunir nos deux enfants que je venais. Renée a une envie de jouer la comédie... elle a pensé naturellement à sa vieille amie. Et si vous vouliez permettre à mademoiselle votre fille de prendre un rôle à côté de la mienne... Ce sera une petite fête de famille bien intime.

Aux premiers mots de la demande de madame Mauperin, Noémi, qui, en causant avec Renée, avait laissé ses mains aller dans les siennes, les retira brusquement.

— Je vous remercie pour cette idée, chère madame, — répondit madame Bourjot; — je remercie aussi votre charmante Renée. Vous ne pouviez rien me demander qui me convînt mieux et qui me fût plus agréable. Cela sera, je crois, très-bon pour Noémi. Cette pauvre enfant est d'une timidité... c'est désolant... Cela l'habituera un peu à parler, à sortir d'elle-même... Ce sera pour son esprit même un coup de fouet excellent...

— Mais, ma mère, vous savez bien... j'ai si peu de

mémoire... Et puis rien que l'idée de jouer... la peur... Non, je ne veux pas jouer.

Madame Bourjot regarda sa fille de son regard froid.

— Mais, mère, si je pouvais... Mais je ferai manquer la représentation, je suis sûre...

— Vous jouerez... Je le désire, mademoiselle.

Noémi baissa la tête.

Madame Mauperin, embarrassée, avait, par contenance et discrétion, jeté les yeux sur une Revue ouverte à côté d'elle, au bord d'une petite table à ouvrage.

— Ah! — fit madame Bourjot en revenant à elle, — vous êtes là en pays de connaissance... c'est le dernier article de votre fils. Et quand comptez-vous jouer?

— Mais, madame, je suis désolée d'être la cause... d'imposer à mademoiselle votre fille...

— Oh! ne parlons plus de cela. Ma fille a toujours peur de se décider.

— Pourtant, — fit de l'autre bout du salon M. Bourjot, qui causait avec M. Mauperin et Henri, — si Noémi avait une trop grande répugnance...

— Elle vous sera, au contraire, très-reconnaissante, — dit madame Bourjot à madame Mauperin, sans répondre à M. Bourjot. — Nous sommes toujours obligés de la forcer à s'amuser. Eh bien! quand cela, la représentation?

— Renée, — demanda madame Mauperin, — quand penses-tu?

9.

— Mais, il me semble... Il nous faut un mois pour les répétitions, à deux par semaine... Nous prendrions les jours et les heures de Noémi... — Et Renée se tourna vers Noémi qui resta muette.

— Très-bien, — dit madame Bourjot. — Eh bien ! alors nous prendrons, si vous voulez bien, le lundi et le vendredi, à deux heures, n'est-ce pas ? Mademoiselle Gogois — et madame Bourjot se tourna vers l'institutrice — vous accompagnerez mademoiselle. M. Bourjot, vous entendez, vous donnerez les ordres pour les chevaux, la voiture, le domestique qui ira à la Briche. Vous me garderez seulement *Terror* et Jean. Voilà... Maintenant, vous restez à dîner ?

— Oh ! nous sommes aux regrets... C'est impossible... Nous avons du monde aujourd'hui.

— Permettez moi de maudire ces gens-là... Mais vous ne connaissez pas, je crois, les nouvelles serres de M. Bourjot. Je veux vous faire un bouquet, Renée... Nous avons une fleur... Il n'y en a que deux comme cela... l'autre est à Ferrières... c'est une... c'est fort laid, au reste... Par ici.

— Si nous passions par là, nous ? — fit M. Bourjot en désignant la salle de billard qu'on voyait par la glace sans tain. — M. Henri, nous vous laissons à ces dames... Ici, on fume, — dit M. Bourjot en offrant un *cabanas* à M. Mauperin. — Nous jouons le carambolage, n'est-ce pas ?

— Oui, le carambolage, — fit M. Mauperin.

M. Bourjot ferma les blouses du billard.

— En vingt-quatre?

— En vingt-quatre.

— Vous n'avez pas de billard chez vous, monsieur Mauperin?

— Non, mon Dieu, non... Mon fils n'y joue pas...

— Vous cherchez le blanc?

— Merci... Et comme ma femme ne trouve pas que ce soit un jeu convenable pour une jeune personne...

— A vous.

— Oh! je suis bien rouillé... D'abord, j'ai toujours été une mazette...

— Mais vous ne me donnez pas de jeu du tout... Bon! voilà mon procédé parti... j'étais fait à cette queue-là, — et M. Bourjot lança un juron ronflant. — Ces canailles d'ouvriers! pas pour un sou de conscience! On ne peut plus rien avoir de bon... Eh bien! vous allez bien : trois, je vous marque... C'est qu'on est à leurs ordres! L'autre jour, je voulais faire poser des lustres dans la journée... Eh bien! monsieur Mauperin, je n'ai pas pu en trouver un... C'était une fête, je ne sais plus quelle fête... ils n'ont pas voulu venir... Ce sont de grands seigneurs à présent... Vous croyez qu'ici ils nous apportent ce qu'ils tuent ou ce qu'ils pêchent? Quand ils ont un bon morceau, ils le mangent. A Paris, moi je sais ce que c'est... Quatre! Eh! dites donc... Tout ce qu'ils gagnent ça passe au café... Le dimanche, ils dépensent des vingt francs... Le serrurier d'ici a un fusil Lefaucheux ! il loue une chasse !... Enfin, deux pour moi... Et ce qu'on demande maintenant pour travailler ! ils me prennent cent sous ici pour faucher... J'ai des vignes en Bourgogne : ils m'ont proposé de me faire les *façons* pendant trois ans, et puis, la troisième année, ils auraient été propriétaires... Voilà où nous allons ! Enfin, heureusement, moi, je suis trop vieux, je ne verrai pas ça, mais dans cent ans on ne trouvera plus à se faire servir ; il n'y aura plus de domestiques... Je le dis souvent à ma femme et à ma fille : Vous verrez que vous serez un jour obligées de faire votre lit !... Cinq... six... mais vous savez faire les effets... Nous sommes tués par la Révolution, voyez-vous. — Et M. Bourjot se mit à fredonner :

Et zonzon, zonzon, zonzon,
Zonzon, zonzon...

— Voilà des idées que vous n'aviez guère, il y a de cela une trentaine d'années, quand nous nous sommes rencontrés pour la première fois ; vous rappelez-vous ? — dit M. Mauperin avec un léger sourire.

— C'est vrai... j'en avais de plus belles... de trop belles dans ce temps-là, — fit M. Bourjot en s'appuyant de la main gauche sur sa queue. — Ah ! on on était jeune... Je crois bien que je m'en souviens... C'était au convoi de Lallemand, parbleu ! C'est le plus beau coup de poing que j'aie donné de ma vie, un pare-à-virer ! Je vois encore les clous de soulier du commissaire de police en écharpe que j'ai flanqué par terre pour traverser le boulevard! Au coin de la rue Poissonnière, je tombe dans une patrouille... on m'a pas mal échigné pour commencer... J'étais avec Caminade... vous avez bien connu Caminade? C'était un bon... celui qui allait fumer aux missions de l'église des Petits-Pères avec sa pipe d'écume de quinze cents francs et une fille du Palais-Royal... Lui, a la chance de s'échapper, on me mène au poste à coups de crosse... Heureusement que Dulaurens m'aperçoit...

— Tiens! Dulaurens, — dit M. Mauperin, — nous étions de la même *vente*. Il avait un magasin de châles, il me semble...

— Oui, et vous savez comment il a fini?

— Non, je l'ai perdu de vue.

— Eh bien, un beau jour, c'était après toutes ces histoires-là, son associé se sauve en Belgique, en lui emportant 200,000 francs. On envoie des agents à ses trousses..., pas de nouvelles. Mon Dulaurens entre dans une église et fait le vœu de se convertir s'il retrouve son argent. Il le retrouve, et il est maintenant d'une piété dégoûtante. Je ne le vois plus... Mais dans ce temps-là, c'était un chaud, vous savez. Je lui fais en passant un signe de l'œil... J'avais chez moi vingt-cinq fusils et cinq cents cartouches... Quand la police arrive, il avait tout déniché... Ce qui n'empêche pas que j'ai passé trois mois à la Force, dans le *bâtiment neuf*, et que deux ou trois fois j'ai été réveillé la nuit pour aller à l'instruction, et que j'y allais avec une vague idée d'être fusillé... Vous avez passé par là, vous aussi; vous savez ce que c'était... Et tout ça pour arriver au socialisme! Pourtant, il y a un mot qui aurait bien dû m'éclairer... En sortant, un de mes amis de prison était venu me voir chez moi, à Sedan; il me dit : « Mais qu'est-ce qu'on m'a donc dit à l'hôtel : il paraît que ton père a des terres, de l'argent... Et tu te mets avec nous? Moi je croyais que tu n'avais rien... » Tenez, voyez-vous, monsieur Mauperin, quand je pense que ça ne m'a pas ouvert les yeux!... C'est que j'étais convaincu, dans ce temps-là, que tous ceux avec qui je marchais voulaient tout simplement ce que je voulais : l'égalité devant la loi, plus de privilèges, la fin de la Révolution de 89 contre la noblesse... Je croyais qu'on allait s'arrêter là, moi... Onze... Vous ai-je marqué le dernier? je ne crois pas; mettons douze... Mais sapristi! quand j'ai vu ma république, ça m'a dégoûté. Quand j'ai entendu, en février, deux hommes descendre des barricades et dire : « Nous n'aurions dû nous en aller de là que quand nous aurions eu cinq mille livres de rentes... » Et puis le droit au travail, et puis l'impôt progressif, une iniquité, l'hypocrisie du communisme! Mais avec l'impôt progressif, — fit éloquemment M. Bourjot en interrompant sa phrase, — je les défie de trouver personne qui veuille se donner la peine de faire une grande fortune... Treize, quatorze, quinze, très-bien! Oh! vous êtes très-fort... Tout ça m'a retourné, vous comprenez?

— Parfaitement, — dit M. Mauperin.

— Où est ma bille? là?... Mais complétement retourné... ça m'a rendu légitimiste positivement. Encore une fausse queue !... Seulement...

— Seulement ?

— Seulement il y a une chose... Ah ! là-dessus, par exemple... j'ai toujours les mêmes opinions... je vous dis ça à vous... mais tout ce qui est curé, pour moi... Dix-huit ! allons, je suis brossé... Nous invitons celui d'ici, parce que c'est un bon diable ; mais les prêtres... Quand on en a connu un, comme moi, qui s'était cassé la cuisse, en sautant la nuit par-dessus le mur de son séminaire !... Un tas de jésuites, voyez-vous, monsieur Mauperin !

> Hommes noirs, d'où sortez-vous ?
> Nous sortons de dessous terre.

Ah ! voilà mon homme ! le *Dieu des bonnes gens !* Et tout ! Et *Judas :*

> Mes amis, parlons plus bas :
> Je vois Judas, je vois Judas !

Vingt et un... Vous n'en avez plus que trois... Tenez, dans le pays où j'ai mes forges, il y a un évêque qui est très-bon enfant... Eh bien ! tous les cagots le détestent... Ah ! s'il faisait le bigot, le cafard, s'il allait à la messe...

— Je n'ai jamais vu madame Bourjot si aimable, — dit madame Mauperin quand on fut remonté en voiture.

— Un singulier pékin, que ce Bourjot! — fit M. Mauperin,—c'est bien la peine d'avoir un billard... j'aurais pu lui rendre douze points...

— Moi, — dit Renée, — j'ai trouvé Noémi toute drôle... As-tu vu, Henri, comme elle ne voulait pas jouer?

Henri ne répondit pas.

XIII

Noémi venait de faire son entrée dans le salon des Mauperin, suivie de son institutrice, avec un petit air gêné, inquiet, presque honteux. Sur le seuil, elle avait fait de l'œil le tour de la pièce; puis, comme rassurée et plus à l'aise, elle avait tendu le front au baiser de madame Mauperin, et les deux joues aux embrassades de Renée. Renée, joueuse et rieuse, avec des gestes de badinage et de caresse, lui avait enlevé son mantelet des épaules, dénoué ses rubans, ôté son chapeau.

— Au fait, — dit-elle en faisant tourner, au bout de son petit poing, le charmant petit chapeau de blonde blanche garni de liliums roses, — M. Denoisel... que tu as vu, je crois, dans le temps... ça ne nous rajeunit pas... et que je te présente comme notre directeur, notre professeur d'intonations, notre souffleur et notre allumeur de rampe... tout ça!

— Je n'ai pas oublié combien monsieur a été bon pour moi quand j'étais petite.

Et Noémi, rougissant de l'émotion-de ce souvenir d'enfance, tendit à Denoisel, avec un mouvement d'une gaucherie charmante, une main timide et dont les doigts se serraient les uns contre les autres.

— Oh! mais, quelle toilette! — reprit Renée en tournant autour d'elle. — Tu es belle comme tout! — Et donnant de petits coups à sa robe de taffetas sur les cassures de la soie, puis lui tirant sa jupe, en s'inclinant à terre : — Tu vas nous faire une Mathilde un peu jolie... C'est moi qui serai jalouse, sais-tu? — Et se relevant : — Mais regarde donc, maman, je te disais bien... elle m'enfonce... — Elle se plaça à côté de Noémi et lui prit la taille : — Tiens, vois-tu que tu es plus grande que moi... — Et la tenant toujours enlacée, elle l'entraîna devant la glace, se serra contre elle, chercha son épaule avec la sienne : — Vois-tu! — dit-elle.

L'institutrice s'était effacée dans un coin du salon. Elle regardait les images d'un livre qu'elle n'ouvrait, modestement, qu'à demi.

— Voyons, mes chers enfants, si on commençait à lire la pièce? — fit madame Mauperin. — Il ne faut pas attendre Henri... Il ne doit venir qu'aux dernières répétitions, quand les actrices seront bien en train.

— Oh! tout à l'heure, maman, laisse-nous causer... Viens te mettre ici, Noémi,... là. Nous avons un tas de petits secrets, tant de choses à nous dire depuis que nous nous sommes vues! Il y a des siècles...

Et Renée commença avec Noémi une de ces causeries gazouillantes qui font le bruit d'une source, un de ces babillages frais, limpides, intarissables, qui se brisent dans un éclat de rire et se perdent dans un chuchotement. Noémi, d'abord sur la défensive, s'abandonna bientôt à la douceur de cet épanchement, à tout ce que cette voix lui faisait retrouver de son passé. Chacune, comme après une séparation, demandait à l'autre tout ce qui lui était arrivé, et ce qu'elle était devenue. Au bout d'une demi-heure, on eût dit, à les entendre, deux cœurs de jeunes femmes retrouvant ensemble leur âme d'enfant.

— Moi, je peins, — disait Renée ; — et toi? tu avais une belle voix...

— Oh! ne m'en parle pas, — disait Noémi. — On me fait chanter... Maman veut que je chante dans ses grandes soirées... Et tu n'as pas l'idée... quand je vois tout le monde qui me regarde... il me prend un frisson... Oh! j'ai peur!... je fondais en larmes les premières fois...

— Mais dis donc, tu vas goûter... Moi qui me suis privée d'une pomme verte pour toi! Tu aimes toujours les pommes vertes, j'espère?

— Non merci, merci, ma petite Renée, je n'ai pas faim... vraiment.

— Ah! çà, Denoisel, qu'est-ce que vous regardez de si intéressant par la fenêtre?

Denoisel regardait dans le jardin le domestique des

Bourjot. Il l'avait vu épousseter le banc avec un fin mouchoir de batiste, étendre le mouchoir sur les traverses vertes, poser dessus avec précaution ses culottes de peluche rouge, croiser ses jambes l'une sur l'autre, tirer un cigare de sa poche, l'allumer. Maintenant, il le considérait, tandis qu'il fumait indolemment et majestueusement, en laissant tomber autour de lui, sur la petitesse de la propriété, le regard de mépris d'un homme qui sert dans un château et dont les maîtres ont un parc.

— Moi, mais rien... — dit Denoisel en quittant la fenêtre, — je craignais d'être indiscret.

— Oh! maintenant, nous nous sommes conté toutes nos petites affaires!... Vous pouvez venir causer avec nous.

— Tu sais l'heure qu'il est, Renée? Si vous voulez commencer à répéter aujourd'hui...

— Ah! maman, voyons, il fait bien chaud, aujourd'hui... Et puis, c'est un vendredi...

— Et l'année a commencé un 13, — dit sérieusement Denoisel.

— Ah! — fit Noémi en tournant vers lui des yeux pleins de foi.

— Ne l'écoute pas, il t'attrape. Il fait toute la journée des farces comme ça, Denoisel... N'est-ce pas, nous répéterons la première fois? nous avons bien le temps.

— Comme tu voudras, — fit Noémi.

— Eh bien! prenons congé... Denoisel, soyez drôle, tout de suite... Et si vous êtes bien drôle, bien drôle, je vous donnerai un tableau... de moi...

— Encore?

— Eh bien! vous êtes poli... Je m'échigne...

— Mademoiselle, — fit Denoisel en s'adressant à Noémi, — vous allez juger ma situation... Figurez-vous que j'ai déjà de mademoiselle une aubergine et un panais... et comme pendant une tranche de potiron avec un morceau de fromage de Brie... Ça vient du cœur, je sais bien... mais j'ai l'air d'un fruitier en chambre...

— Voilà les hommes, vois-tu! — dit gaiement Renée à Noémi. — Tous ingrats ma chère! Et penser qu'un jour on se marie! Sais-tu que nous sommes de vieilles filles, dis donc?... Vingt ans! Hein, comme ça passe tout de même!... N'est-ce pas, on croit qu'on n'aura jamais dix-huit ans? et puis quand on les a, on ne les a plus!... Enfin, qu'est-ce que tu veux!... Ah! apporte donc un peu de musique la prochaine fois... nous jouerons à quatre mains; je ne sais plus si je sais...

— Et l'on répétera quand? — demanda Denoisel.

— En Normandie! — répondit Renée, faisant ce genre de plaisanterie qui est monté depuis quelques années de l'atelier et du théâtre dans la bouche du monde.

Noémi était restée interdite comme une personne à laquelle échappe le sens d'une parole entendue.

— Eh bien! oui, — lui dit Renée, — *Caen en Normandie!* Ah! tu ne connais pas les *queues de mot?* J'ai eu ce tic-là un temps... J'en étais insupportable, n'est-ce pas, Denoisel?... Et tu vas beaucoup dans le monde? Dis-moi où tu as été cet hiver... Raconte-moi tes bals...

Et Noémi répondait, s'épanchait, s'animait peu à peu. Le sourire était venu à son visage, l'abandon à sa grâce. Elle semblait s'épanouir comme à un air de liberté et sous un souffle qui réchauffe, auprès de Renée, dans ce salon égayé, heureux et tout plein de jeunesse.

Il était quatre heures. L'institutrice se leva comme un ressort. — Mademoiselle, — dit-elle, — il est l'heure. Vous savez qu'il y a un grand dîner à Sannois... et le temps de vous habiller...

XIV

— Cette fois-ci, il n'y a pas à s'amuser... Nous répétons sérieusement, — dit Denoisel. — Mademoiselle Noémi, venez-vous vous asseoir là? C'est cela, nous y sommes, n'est-ce pas? Une... deux... trois...

Il frappa dans ses mains. — Allez!

— C'est que la première scène, — fit en hésitant Noémi, — je ne suis pas encore sûre... Je sais mieux l'autre.

— La seconde alors? Passons à la seconde. Je vais faire le rôle d'Henri : *Bonsoir, ma chère.*

Denoisel fut interrompu par un grand éclat de rire de Renée :

— Ah! mon Dieu, — disait-elle à Noémi, — comme tu es drôlement assise! Tu as l'air d'un morceau de sucre dans une pince à sucre!

— Moi! — fit Noémi toute gênée en cherchant une position.

— Si vous vouliez bien ne pas troubler les acteurs, Renée, — dit Denoisel. Et reprenant son rôle : — *Bonsoir, ma chère, est-ce que je vous dérange?*

— Ah! et les bourses? — s'écria Renée.

— Mais je croyais que c'était vous qui vous étiez chargée...

— Moi? pas du tout... C'est vous, au contraire. Vous êtes un joli chef d'accessoires, par exemple!... Dis donc, Noémi, est-ce que c'est une idée qui te viendrait, à toi, si tu étais mariée, de donner une bourse à ton mari? C'est boutiquier, hein?... Pourquoi pas un bonnet grec, tout de suite?

— Répétons-nous? — dit Denoisel.

— Tenez, Denoisel, vous dites cela de l'air d'un homme qui a envie d'aller fumer.

— J'ai toujours envie de fumer, Renée, — dit Denoisel, — surtout quand je n'en ai pas besoin.

— Mais c'est un vice que vous avez là!

— Je crois bien. Aussi je le garde.

— Enfin, quel plaisir pouvez-vous trouver à fumer?

— Le plaisir d'une mauvaise habitude : ça explique bien des passions. — Et recommençant l'entrée de M. de Chavigny : —*Bonsoir, ma chère, est-ce que je vous dérange?*

— *Moi? Henri, quelle question!* — fit Noémi.

Et la répétition commença.

XV

— Trois heures, — dit Renée en levant les yeux du petit bas de laine qu'elle tricotait, et en regardant la pendule. — Décidément, je commence à croire que Noémi ne viendra pas aujourd'hui... Elle va rater sa répétition... Il faudra la mettre à l'amende...

— Noémi? — fit madame Mauperin en paraissant se réveiller. — Mais elle ne vient pas... Ah! je ne t'ai pas dit... Je ne sais où j'ai la tête, j'oublie tout à présent... Elle m'a dit la dernière fois qu'elle ne pourrait sans doute pas venir aujourd'hui... Ils ont du monde... je crois... je ne sais plus.

— C'est amusant! Il n'y a rien d'ennuyeux comme cela, d'attendre les gens, et qu'ils ne viennent pas. Moi qui me suis dit ce matin en me réveillant : C'est le jour de Noémi... Je me la promettais... Oh! c'est sûr, elle ne viendra plus maintenant... C'est drôle, elle me manque maintenant, Noémi, depuis qu'elle s'est mise à me raimer... elle me manque comme une figure de la maison... Je ne la trouve pas drôle... elle manque de vivacité... elle n'est pas gaie... comme intelligence, elle est *faiblotte*... on la colle avec une facilité ! Eh bien ! arrangez ça, malgré tout, je lui trouve un charme... Elle a quelque chose de si doux, si doux... ça vous pénètre... Elle détend les nerfs, positivement... Et puis, ce qu'elle vous fait, c'est de vous faire chaud au cœur, n'est-ce pas? simplement en étant là. J'ai connu un tas de jeunes filles qui lui étaient bien supérieures ; eh bien! elles n'avaient pas ce qu'elle a ; on se sentait sec comme pendu avec elles.

— Mon Dieu ! c'est bien simple, — dit Denoisel, — mademoiselle Bourjot est une nature très-tendre, très-aimante... Il y a comme un courant d'affection de ces natures-là aux autres...

— C'est que toute petite, je me rappelle, elle était déjà comme maintenant... d'une sensibilité ! Ce qu'elle pleurait et ce qu'elle embrassait... c'était étonnant ! elle ne faisait que cela... Et comme elle a bien la figure de ce qu'elle est, n'est-ce pas? On dirait que sa beauté est faite avec tout ce qu'elle a de tendresse et tout ce qui lui reste d'enfance... Elle a surtout ce regard... Souvent on a en soi de petites malices, des petites méchancetés : on les sent qui s'en vont à ce regard-là comme quelque chose qui fondrait... Croiriez-vous que je n'ai jamais osé lui faire une misère? Et j'étais pourtant une fière taquine... moi, dans le temps!

— C'est très-extraordinaire tout de même d'être si tendre que cela, — dit madame Mauperin.

— Mais non, c'est très-explicable, — répondit Denoisel. — Figurez-vous une jeune personne, qui apporte en naissant l'instinct d'aimer comme on a l'instinct de respirer, refoulée par les froideurs d'une mère qu'elle humilie et qui rougit d'elle, refoulée par l'égoïsme d'un père qui n'a d'autre orgueil et d'autre amour, d'autre enfant que sa fortune ; eh bien ! cette jeune personne sera comme mademoiselle Bourjot : pour un peu d'intérêt qu'on lui témoignera, elle aura les tendresses et les effusions dont vous parlez. Son cœur se répandra de lui-même...

— Mon Dieu ! j'en ai connu pas mal de jeunes personnes refoulées, comme vous dites... Et généralement ça ne leur avait pas fait cet effet-là... Au contraire.

— C'est que sans doute celles que vous avez connues, Renée, avaient les distractions de l'esprit, de l'intelligence, le goût du monde, pour se passer du reste, s'étourdir ou s'étouffer le cœur. Mademoiselle Bourjot, elle, est venue au monde, comme vous savez, avec le forceps...

— Oui, une couche horrible, — fit madame Mauperin ; — madame Bourjot a bien manqué y rester... On a même été assez longtemps à craindre pour les facultés de l'enfant... Elle n'a parlé que très-tard... à trois ans.

— Et j'ai remarqué, — reprit Denoisel en continuant sa pensée et sa phrase, — quelque chose d'assez curieux chez deux ou trois enfants que j'ai pu observer dans le courant de ma vie, et qui étaient venus au monde, comme cela, le cerveau touché par les fers, la pensée atteinte et blessée... Cela confirmerait une assez triste théorie... que les instincts de tendresse, d'affectivité sont en raison inverse des instincts d'imagination, d'esprit, d'intelligence. De la tête, la vie semblait refluer au cœur chez ces pauvres êtres qu'on eût dit tout étourdis encore de la violence de leur naissance. Ils avaient des caresses qui s'attachaient aux gens, et qui n'étaient pas des caresses d'enfants, mais des caresses de malades. Auprès des personnes qu'ils aimaient, ils avaient, eux aussi, ce regard que vous avez remarqué chez mademoiselle Bourjot, ce regard qui semble briller dans une larme. Rien ne paraissait arriver à eux que les impressions tendres, et rien ne les touchait, rien ne leur parlait leur langue, pour ainsi dire, que cet art de l'âme et cette voix d'amour, la musique.

— Ah! c'est bien vrai, ce que vous dites là pour Noémi... Elle a une organisation musicale... Elle retient tous les opéras... L'avez-vous jamais vue entendre de la musique?

— Non, mais je n'ai pas besoin de l'avoir vue pour la plaindre. Et puis par là-dessus, la pauvre fille est riche, très-riche...

— Un beau malheur! — fit madame Mauperin.

— Oui, madame, — reprit Denoisel. — Elle ne peut pas manquer d'être malheureuse pour son argent.

XVI

Il y avait quinze jours que l'on répétait lorsque madame Bourjot amena elle-même sa fille chez les Mauperin. Après les premiers compliments, elle s'étonna de ne point voir le principal acteur.

— Oh! Henri a une mémoire prodigieuse, — dit madame Mauperin, — et en deux répétitions il sera au courant.

— Et comment cela marche-t-il? — demanda madame Bourjot. — Je tremble, je vous dirai, pour ma pauvre Noémi... En est-on un peu content? Je suis venue pour avoir le plaisir de vous voir d'abord, et puis je n'étais pas fâchée de juger par moi-même...

— Eh bien! chère madame, — dit madame Mauperin, — vous allez être rassurée... Vous trouverez, je crois, dans votre fille un naturel... des notes... Non, elle est charmante...

On se mit en place, et l'on commença le *Caprice*.

— Vous la flattiez, — dit aux premières scènes madame Bourjot à madame Mauperin; et, s'adressant à sa fille : — Ce n'est pas senti, ma chère enfant... vous récitez... Je vous ai pourtant menée voir cela aux Français. Mais continuez, je vous prie.

— Ah! madame, — fit Renée, — vous allez intimider toute la troupe... Nous avons besoin d'indulgence.

— Vous ne parlez pas pour vous, mademoiselle,— répondit madame Bourjot. — Si ma pauvre fille jouait comme vous...

— Eh bien! — dit Denoisel à mademoiselle Bourjot, — passons à la scène six, mademoiselle. Et qu'on nous juge là-dessus... parce qu'enfin je trouve que vous la dites fort bien, et comme ma vanité de professeur est un peu en jeu... Madame, votre mère me permettra...

— Oh! monsieur, — dit madame Bourjot, — je sépare en ceci tout à fait le professeur de l'élève; vous n'êtes pas responsable...

Et la scène jouée.

— Oui, mon Dieu! oui, — fit-elle, — ce n'est pas trop mal... cela peut passer... C'est une scène gniangnian, cela lui va; et puis, elle fait tout ce qu'elle peut... là-dessus il n'y a rien à lui dire...

— Oh! vous êtes d'une sévérité,— fit madame Mauperin.

— D'une sévérité de mère, — laissa échapper madame Bourjot, avec une sorte de soupir. — Et vous allez avoir un monde fou?

— Oh! vous savez,— répondit madame Mauperin, — on a toujours plus de monde qu'on ne veut, ces jours-là. Il y a toujours une curiosité. Nous aurons bien, je pense, cent cinquante personnes.

— Dis donc, maman, si je faisais la liste? — dit Renée, voulant éviter à Noémi, dont elle voyait l'embarras, la suite de la répétition. — Ce serait un moyen de présenter nos invités à madame Bourjot. Je vais vous faire faire connaissance avec nos connaissances, madame.

— Très-volontiers, — fit madame Bourjot.

— C'est un peu une assiette mêlée, je vous préviens. Les relations, ça a l'air, je trouve, de gens qu'on a rencontrés en diligence...

— Oh! c'est charmant... et très-juste, — dit madame Bourjot.

Et se mettant à la table, parlant tout en écrivant au crayon le nom des gens, Renée commença :

— D'abord la famille... Passons... Maintenant, qui, voyons? Madame et mademoiselle Chanut, une jeune personne qui a des dents comme ces morceaux de verre cassé sur les murs, vous savez?... Monsieur et madame de Bélizard : je vous dirai qu'ils ont la réputation de nourrir leurs chevaux avec des cartes de visite...

— Renée! Renée! Voyons... Tu vas donner de toi une idée... — essaya de dire madame Mauperin.

— Oh! ma réputation est faite... Je n'ai rien à perdre de ce côté-là... Et puis, si tu crois qu'on ne me le rend pas!...

— Laissez-la, laissez-la, je vous en prie, — dit madame Bourjot à madame Mauperin. Et, se tournant vers Renée en souriant : — Et puis?

— Madame Jobleau... Ah! en voilà une qui est ennuyeuse avec l'histoire de sa présentation aux Tuileries, à Louis-Philippe : « *Si Sire, si Sire, si Sire !* »

elle n'a trouvé que cela!... M. Harambourg, un monsieur que la poussière fait trouver mal... L'été, il laisse son domestique à Paris pour nettoyer les raies de son parquet!... Mademoiselle de la Boise ou le Gendarme des participes! une ancienne institutrice qui vous reprend dans la conversation sur les imparfaits du subjonctif... M. Loriot, président de la Société pour la destruction des vipères... Les Cloquemin, père, mère, enfants, une famille qui monte comme ça... en flûte de Pan!... Ah! au fait, les Vineux sont à Paris; mais c'est bien inutile de les inviter : ils ne vont que chez les gens qui se trouvent sur une ligne d'omnibus. Mais j'oubliais le trio Méchin... trois sœurs... les trois grâces des Batignolles. Il y en a une d'idiote, une de...

Et Renée s'arrêta en voyant l'œil peureux et le regard effrayé que Noémi levait sur elle, comme un pauvre être aimant et désarmé d'esprit, soudainement troublé et inquiété jusqu'au fond de l'âme par tous ces coups de médisance portés à côté de lui. Se levant, Renée courut l'embrasser :

— Bête! — lui dit-elle doucement, — mais tous ces gens-là ne sont pas des gens que j'aime!

XVII

Henri ne vint qu'aux dernières répétitions. Il savait la pièce : en huit jours, il fut prêt. Mais le

Caprice était bien court pour remplir la soirée. On pensa à finir la représentation par une bouffonnerie. Deux ou trois petites pièces du Palais-Royal furent essayées, puis abandonnées, la troupe n'étant pas assez nombreuse, et l'on se rabattit sur une pantalonnade jouée en ce moment avec succès sur un théâtre des boulevards, et qu'Henri fit adopter en dépit de l'opposition sans motifs de mademoiselle Bourjot et d'une résistance inattendue de sa timidité.

Il semblait, du reste, que mademoiselle Bourjot, depuis que Henri était là, sortait de son caractère. Renée par moments ne lui trouvait plus le même cœur. Elle sentait un refroidissement dans l'amitié de son amie. Elle s'étonnait de lui voir un esprit de contradiction qu'elle ne lui avait jamais connu. Elle était blessée aussi d'un certain air que Noémi prenait avec son frère, un air froid qu'une nuance de dédain faisait presque méprisant. Pourtant son frère se montrait avec elle poli, prévenant, attentif, mais rien de plus. Et même dans toutes les scènes où il jouait avec Noémi, il mettait tant de réserve, tant de tenue et de retenue, que Renée, effrayée pour la représentation, et craignant le froid de son jeu, un jour l'en plaisanta : — Bah ! — lui répondit-il, — je suis comme les grands acteurs : je garde mes effets pour le jour de la première.

XVIII

Un petit théâtre avait été dressé au fond du salon des Mauperin. Un rideau de feuillage, de branches de pin, d'arbustes en fleurs, masquait la rampe. Renée, aidée de son maître de dessin, avait peint la toile qui représentait à peu près les bords de la Seine. Aux deux côtés du théâtre, on lisait sur une affiche écrite à la main :

Spectacle de la Briche.

AUJOURD'HUI

LE CAPRICE

On finira par PIERROT BIGAME.

Et les noms des acteurs suivaient.

Sur tous les siéges de la maison, pressés et rangés en file devant le théâtre, des femmes décolletées se serraient, mêlant leurs jupes, leurs dentelles, l'éclair de leurs diamants et les blancheurs de leurs épaules. Au delà du salon, les deux portes démontées, allant à la salle à manger et au petit salon, laissaient voir un public d'hommes en cravate blanche, haussés sur la pointe du pied.

La toile se leva sur le *Caprice*. Renée eut beaucoup d'entrain dans le personnage de madame de Léry.

Henri, dans le rôle du mari, révéla un de ces grands talents d'acteurs de société, qui se rencontrent souvent chez les jeunes gens froids et chez les hommes du monde graves. Noémi elle-même, soutenue par le jeu d'Henri, parfaitement soufflée de la coulisse par Denoisel, un peu grisée par tout ce public, joua très-passablement son petit rôle attendrissant de femme négligée. Ce fut un grand soulagement pour madame Bourjot. Assise au premier rang, elle avait suivi avec inquiétude le jeu de sa fille. Son orgueil avait peur d'un *fiasco*. La toile tomba, les applaudissements éclatèrent, on cria : *Tous!...* Sa fille n'avait pas été ridicule ; elle était tout heureuse de ce grand succès, et elle s'abandonnait complaisamment à ce tapage de voix, d'opinions, d'appréciations qui, dans les représentations de société, succèdent à l'applaudissement et le continuent dans un murmure. Au milieu de tout ce qu'elle écoutait ainsi vaguement, une phrase dite à côté d'elle lui arriva, nette et comme détachée du bruit général : « Oui, c'est sa sœur, je sais bien... mais je trouve que pour le rôle, il n'est pas assez amoureux d'elle... et vraiment trop amoureux de sa femme ; avez-vous remarqué? » Et la femme qui parlait, se sentant écoutée par madame Bourjot, se pencha à l'oreille de sa voisine. Madame Bourjot devint sérieuse.

L'entr'acte fini, la toile se releva ; et Henri Mauperin reparut en Pierrot, non point dans le sac de calicot et avec le serre-tête noir traditionnels, mais en Pierrot italien, coiffé du feutre droit et tout vêtu de satin blanc, de la casaque aux souliers. Un mouvement courut parmi les femmes, annonçant que le costume et l'homme étaient trouvés charmants, et la bouffonnerie commença.

C'était l'histoire folle de Pierrot, marié avec une femme et voulant en épouser une autre, une farce mêlée de passion, retrouvée par un vaudevilliste aidé d'un poëte, dans le répertoire du vieux théâtre bouffe. Renée, cette fois, jouait la femme abandonnée traversant les amours de son mari, sous toutes sortes de travestissements, et Noémi, la femme aimée. Henri enleva les scènes d'amour qu'il avait avec celle-ci. Il joua avec jeunesse, avec fièvre, avec entraînement. Dans la scène d'aveu, il eut les notes, les cris d'une déclaration qui échappe et déborde. Au reste, il avait affaire à la plus jolie Colombine du monde : Noémi était adorable, ce soir-là, dans son costume de mariée Louis XVI, exactement dessiné d'après le *Menuet de la Mariée*, une estampe de Debucourt, qu'avait prêtée Barousse.

Autour de madame Bourjot, il y avait comme un enchantement répandu dans la salle, comme une complicité sympathique du public encourageant le joli couple à s'aimer. La pièce se déroulait. Par moments, les yeux d'Henri semblaient chercher, par-dessus la rampe, les yeux de madame Bourjot. Cependant Renée arrivait déguisée en bailli de village ; il n'y avait plus qu'à signer le contrat : Pierrot prenant la main de celle qu'il aimait, se mettait à dire tout le bonheur qu'il allait avoir avec elle...

La femme qui était à côté de madame Bourjot la sentit un peu peser sur son épaule. Henri acheva sa tirade, la pièce se dénoua et finit. Tous les gants blancs étaient en l'air, toutes les mains battaient. Tout à coup la voisine de madame Bourjot vit quelque chose couler le long de son bras : c'était madame Bourjot qui venait de s'évanouir.

XIX

— Oh! mais rentrez donc, je vous en prie, — dit madame Bourjot aux personnes qui l'entouraient. On l'avait portée à l'air dans le jardin. — C'est passé, ce n'est plus rien maintenant ; c'est la chaleur... — Elle était toute pâle et souriait. — Il ne me faut plus qu'un peu d'air... Qu'on me laisse seulement M. Henri...

On s'éloigna. Le bruit des pas était à peine éteint :
— Vous l'aimez! — dit madame Bourjot en saisissant le bras de Henri avec un geste d'empoignement et des doigts qui avaient la fièvre. — Vous l'aimez!

— Madame... — fit Henri.

— Taisez-vous! vous mentez! — Et elle lui repoussa le bras. Henri s'inclina. — Je sais tout... j'ai tout vu... Mais regardez-moi donc! — Et, du regard, elle lui fouillait les yeux. Henri, devant elle, tenait la tête baissée. — Dites donc au moins quelque chose!... On parle!... Ah! tenez! vous ne savez jouer la comédie qu'avec elle!

— C'est que je n'ai rien à vous dire, Laure, — fit Henri avec sa voix la plus douce et la plus nette. Madame Bourjot se recula à ce nom de Laure, comme s'il l'avait touchée. — Je lutte depuis un an, madame, — reprit Henri, — je ne m'excuse pas... mais tout m'a lié le cœur... Nous nous sommes connus tout enfants... Le charme a grandi chaque jour... Et je suis bien malheureux, madame, de vous devoir la vérité : j'aime votre fille, cela est vrai...

— Mais tu n'as donc jamais causé avec elle? J'en rougis, moi, quand il y a du monde! Mais tu ne l'as donc pas seulement regardée? Mais qu'est-ce qui vous prend donc, vous autres, dis? Est-ce que tu la trouves belle? Allons! je suis mieux qu'elle!... Vous êtes bêtes, les hommes!... Et puis, mon cher, je vous ai gâté... Allez donc lui demander de caresser votre orgueil, de faire jouir vos vanités, de flatter et de servir vos ambitions... car vous êtes ambitieux, vous, je vous connais!... Ah! monsieur Mauperin, on ne trouve cela qu'une fois dans sa vie!... Et il n'y a que les femmes de mon âge, les vieilles femmes comme moi, entendez-vous? pour aimer l'avenir des gens qu'elles aiment!... Vous n'étiez pas mon amant, vous étiez mon petit enfant! — Et sa voix à ce mot fut comme une voix sortie de ses entrailles. Puis aussitôt changeant de ton : — Mais laissez donc! je vous dis que vous ne l'aimez même pas, ma fille, et que ce n'est pas vrai : elle est riche!...

— Oh! madame!

— Mon Dieu! il y a des gens... on m'en a montré... Cela réussit quelquefois de commencer par la mère pour finir par la dot... Et un million, savez-vous, fait passer par-dessus bien des corvées...

— Plus bas, je vous en supplie... pour vous-même... On vient d'ouvrir une fenêtre.

— C'est très-beau le sang-froid, monsieur Mauperin, très-beau... très-beau, — répéta madame Bourjot. Et sa voix basse et sifflante se serra dans son gosier.

Des nuées couraient dans le ciel et passaient comme des ailes d'oiseaux de nuit sur la lune. Madame Bourjot regardait vaguement dans le noir, devant elle. Les coudes posés sur les genoux, appuyée sur les talons, sans rien dire, elle battait du bout de ses souliers de satin le sable de l'allée. Au bout de quelques instants, elle se redressa, fit avec les bras deux ou trois gestes errants et comme à peine réveillés; puis, vivement et par saccades, elle passa sa main entre sa robe et sa ceinture, appuyant le dos de sa main contre le ruban à le briser. Enfin elle se leva et se mit à marcher. Henri la suivit.

— Je compte, monsieur, que nous ne nous reverrons jamais, — lui dit-elle sans se retourner.

En passant près du bassin, elle lui tendit son mouchoir : — Mouillez-moi ça.

Henri mit un genou sur la margelle et lui rendit la dentelle mouillée. Elle s'en tamponna le front et les yeux. — Maintenant rentrons, — dit-elle. — Donnez-moi le bras...

— Oh! chère Madame, quel courage! — dit madame Mauperin en allant au-devant de madame Bourjot qui rentrait, — mais ce n'est pas raisonnable... Je vais faire demander votre voiture...

— Non, du tout, — fit vivement madame Bourjot, — je vous remercie... Je vous ai promis de chanter, je crois... Je veux chanter...

Et madame Bourjot s'avança vers le piano, gracieuse et vaillante, avec ce sourire héroïque sous lequel les acteurs du monde cachent au public les larmes qu'on pleure en dedans et les blessures qui s'épanchent au cœur.

XX

Mariée par la raison sociale de deux grandes maisons de commerce, unie par une fusion d'intérêts à un homme qu'elle ne connaissait pas, madame Bourjot avait eu pour cet homme, au bout de huit jours, tout le mépris qu'une femme peut avoir pour un mari. Ce n'est point qu'elle eût de grandes exigences d'idéal, ou qu'elle apportât dans le mariage des imaginations romanesques de jeune fille. Singulièrement intelligente, d'un esprit sérieux, formé et nourri par des lectures, des études et des connaissances presque viriles, cette femme ne demandait au compagnon de sa vie que d'être une intelligence, un être sur la tête duquel elle pût placer ses ambitions et ses orgueils de femme mariée, un homme d'avenir enfin, capable d'une de ces fortunes qui couronnent aujourd'hui l'argent, pouvant, dans les trouées de la société moderne, sauter à un ministère, aux Travaux publics, aux Finances : tout cela lui croulait dans les mains avec ce mari que chaque jour elle trouvait d'un creux plus désespérant, d'une insuffisance plus complète, plus vide de tout ce qui aurait dû être en lui et qui était en elle, l'âme plus étroite, le caractère plus mesquin, tout mélangé et contrarié des violences et des faiblesses d'une humeur d'enfant.

L'orgueil avait préservé madame Bourjot de l'adultère, un orgueil qui, du reste, avait été servi par les circonstances. Pendant sa première jeunesse, madame Bourjot, d'une nature sèche, d'un sang méridional, avait eu des traits trop marqués pour être agréablement belle. Ce ne fut que vers les trente-quatre ans que, commençant à engraisser, une autre femme sembla se dégager en elle de la première : ses traits, tout en conservant leur accent, prirent une douceur et une amabilité ; la dureté de sa physionomie parut se fondre, et son visage sourit. Ce fut une de ces beautés d'arrière-saison, comme l'âge en donne à certaines femmes dont on voudrait revoir le visage à vingt ans, une beauté qui fait songer à la jeunesse qu'elle n'a pas eue. Jusque-là, d'ailleurs, il n'y avait point eu pour madame Bourjot de dangers bien vifs, ni de tentations bien grandes. La société vers laquelle ses goûts l'avaient portée, son entourage, les hommes de son salon et de son intimité ne l'avaient guère exposée à se défendre sérieusement. C'étaient, pour la plupart, des membres de l'Institut, des savants, des lettrés sur le retour, des hommes politiques, tous gens modestes, apaisés, et qui semblaient vieux, les uns de tout le passé, les autres de tout le présent qu'ils avaient remué. Contents de peu, ils étaient heureux d'un rien, d'un chatouillement de robe, d'une parole caressante, d'un regard qui les écoutait. Entourée de leur adoration académique, madame Bourjot l'avait, sans beaucoup de péril, laissée monter autour d'elle avec des badinages d'Égérie : cela avait été pour elle une flamme avec laquelle on joue et qui ne brûle pas.

Mais la maturité vint pour madame Bourjot. Le grand changement de sa physionomie, de sa tournure, finissait de s'accomplir. Tourmentée comme par une surabondance de santé, par un excès de vie, il lui semblait que son être moral perdait les forces que gagnait son être physique. Elle se sentait, avec une grande admiration de son passé, moins de solidité dans l'âme et moins d'assurance dans l'orgueil. Ce fut à ce moment qu'entra dans son salon Henri Mauperin. Il lui apparut jeune, intelligent, sérieux, profond, armé, pour les victoires de la vie, de toutes les qualités froides et constantes qu'elle avait rêvé, avant son mariage, de trouver dans un mari. A première vue, Henri saisit la situation et devina ses chances : ses projets, d'un seul coup, s'abattaient sur cette femme comme sur une proie.

Il commença à lui faire la cour ; et cette femme, qui avait mari et enfant, vingt ans de vertu, une des grandes positions de Paris, lui laissa à peine le temps de l'attaquer. Elle céda à la première entrevue, elle se donna comme une fille dans un restaurant de barrière, d'une façon folle, bête, presque grotesque, au milieu de l'ironie des garçons qui avaient commencé par ouvrir devant ses quarante ans la porte d'une salle commune.

Ce fut dès lors un amour plus furieux à mesure qu'il se satisfaisait, une de ces passions qui entrent dans la chair des femmes de cet âge et leur passent dans le sang. Henri, du reste, mit du génie dans l'art de se l'attacher et de la lier à sa faute. Rien ne le trahit, rien ne lui échappa qui pût faire apercevoir en lui un seul instant la fatigue, l'indifférence, le fond de mépris qui reste à l'homme après une victoire trop facile, l'espèce de dégoût que lui laissent certaines situations ridicules de la femme qui aime. Il fut toujours caressant et parut toujours ému. Il eut pour madame Bourjot les élancements de tendresse et de jalousie, les superstitions de cœur, les attentions, les prévenances que la femme n'attend plus de l'amour et n'espère plus de l'amant, passé un certain âge. Il la traita en jeune fille. Il lui demanda une bague de première communion qu'elle portait. Enfantillages, coquetteries, tout ce qui grimaçait dans la passion de cette mère de famille, Henri le supporta, le caressa sans un pli d'impatience sur la figure, sans une nuance de raillerie dans le ton. En même temps, il s'emparait de toute la femme en la formant à des docilités, en lui révélant des ivresses dont madame Bourjot restait à la fois reconnaissante et fière comme d'une victoire remportée par sa personne sur ce jeune homme aux apparences froides. Ainsi maître de cette femme, et la possédant tout entière, Henri l'enivrait encore par l'apparente aventure de leurs entrevues, par les risques qu'il lui laissait voir dans leur liaison, par toutes ces émotions d'un roman criminel avec lesquelles il grisait de peur et de danger l'imagination de cette bourgeoise s'exaltant dans son amour par la pensée de tout ce qu'elle avait à perdre.

Elle arriva à ne plus vivre que par lui et pour lui, de sa présence, de sa pensée, de son souvenir, de son image, de ce qu'elle emportait de lui quand elle l'avait vu. En le quittant, elle lui passait et lui repassait ses mains dans les cheveux, puis mettait vite ses gants. Et tout le jour et le lendemain, aux côtés de son mari, auprès de sa fille, dans son intérieur, sentant la paume de ses mains qu'elle n'avait pas lavées, elle respirait son amant en baisant l'odeur de ses cheveux !

Cette soirée, cette trahison, cette rupture au bout d'un an, brisèrent madame Bourjot. Elle ressentit d'abord l'impression d'un coup par où la vie s'échappe. Elle crut au premier instant qu'elle allait mourir, et il y eut pour elle une douceur dans cette pensée. Le lendemain, elle espéra Henri. Elle était vaincue, toute prête, s'il était venu, à lui demander pardon, à lui dire qu'elle avait eu tort, à le supplier d'oublier, d'être bon, de lui laisser ramasser les charités de son amour. Elle attendit huit jours : Henri ne vint pas. Elle lui demanda une entrevue pour qu'il lui remît ses lettres : Henri les lui renvoya. Elle lui écrivit pour le voir une dernière fois, lui dire un adieu suprême : Henri ne répondit pas ; mais, par ses amis, par les bruits des journaux et du monde, il entoura madame Bourjot du bruit d'une poursuite, il la remplit des menaces d'une poursuite dirigée contre un de ses derniers articles sur la misère des classes pauvres. Il mit pendant une semaine, dans sa tête et dans ses rêves, la police correctionnelle, les gendarmes, la prison, tout ce que l'imagination dramatique des femmes voit au bout d'un procès ; et quand le procureur général eut donné à madame Bourjot l'assurance que le procès n'aurait pas lieu, toute lâche encore des peurs qu'elle avait eues, à bout de forces et d'émotions, n'y pouvant plus tenir, elle écrivit à Henri :

« Demain, à deux heures. Si vous n'y êtes pas, je vous attendrai dans l'escalier. Je m'assoirai sur une marche. »

XXI

Henri était prêt et en tenue. Il avait fait une toilette savante et négligée, d'un sans-façon recherché, d'un désordre voulu, une de ces toilettes du matin dans lesquelles la jeunesse d'un homme est presque toujours charmante.

A l'heure indiquée dans la lettre, on sonna. Henri alla ouvrir; madame Bourjot entra, et passant devant lui avec cet air et ce pas familiers des femmes qui connaissent un appartement, elle alla s'asseoir au fond du cabinet sur le divan.

D'abord, ils ne se parlèrent point. Il y avait une place à côté d'elle sur le divan; Henri approcha une fumeuse, la retourna, et s'y assit à cheval les bras croisés sur le dossier.

Madame Bourjot avait relevé et rejeté sur son chapeau son double voile de dentelle. La tête un peu renversée, une main paresseusement occupée à déganter l'autre, elle regardait ce qui était autour d'elle, les objets au mur, les choses sur la cheminée. Elle eut un petit soupir, comme si elle avait été seule; puis du regard, revenant à Henri, elle lui dit :

— Il y a de ma vie ici... C'est un peu moi, tout ça !

Et elle lui tendit sa main dégantée, dont Henri baisa respectueusement le bout des doigts.

— Pardon, — reprit-elle, — je ne voulais pas vous parler de moi... Je ne suis pas venue ici pour cela... Oh! ne craignez rien... je suis raisonnable aujourd'hui, je vous promets. Le premier moment... oh ! le premier moment a été dur, je ne vous le cache pas, mon ami... Il y a eu du tirage, — fit-elle avec un sourire mouillé. — Mais c'est fini à présent... je ne souffre presque plus... et je suis forte, je vous assure... Oh! sans doute, tout ne s'efface pas en un jour, et je ne veux point vous dire que vous n'êtes plus rien pour moi, vous ne me croiriez pas... Mais ce que je puis vous jurer, et cela, il faut que vous le croyiez, Henri, c'est que dans mon cœur, il n'y a plus de passion... il n'y a plus de faiblesse... La femme est morte, bien morte... et c'est bien pur, allez, ce que j'ai maintenant pour vous...

Le jour la gênait, tandis qu'elle parlait, comme quelqu'un qui l'eût regardée : — Voulez-vous baisser le store, mon ami ? — dit-elle. — Ce soleil... j'ai les yeux si irrités depuis quelques jours...

Et pendant qu'Henri allait à la fenêtre, elle dénoua les rubans de son chapeau, et laissa un peu couler de ses épaules le grand châle qui l'enveloppait. Elle reprit, dans la lumière de la chambre doucement voilée :
— Oui, Henri, après bien des luttes... bien des déchirements... que vous ne saurez jamais... après des nuits... je ne vous en souhaite pas de pareilles !... à force de pleurer et de prier, je me suis vaincue, j'ai triomphé de moi... j'ai pensé au bonheur de ma fille, sans en être jalouse... au vôtre comme au seul qui me fût encore permis sur la terre !

— Vous êtes un ange, Laure ! — fit Henri; et se levant, il se mit à marcher sur le tapis en jouant l'agitation. — Mais il faut voir les choses comme elles sont... Tenez! vous aviez raison l'autre fois, lorsque vous disiez qu'il fallait nous séparer pour toujours... ne jamais nous revoir... Vivre ensemble ! Vous n'y pensez pas !... Il faut si peu pour rouvrir des blessures si mal fermées que les nôtres!... Et puis, si vous êtes sûre de vous-même, qui vous dit que je suis aussi sûr de moi? Qui me répond que dans ce rapprochement de toutes les heures, dans cette tentation de toute la vie... près de vous enfin, — dit-il tendrement, — une occasion, une surprise, que sais-je?... Et je suis un honnête homme.

— Non, Henri, — fit-elle en lui prenant les mains et en l'asseyant auprès d'elle, — je ne crains rien de vous... et je n'ai pas peur de moi. Tout est fini... sur quoi voulez-vous que je vous le jure?... Et vous ne me refuserez pas... Non, vous ne voudrez pas me refuser le seul bonheur qui me reste... le seul, je vous dis... Mais je n'ai plus que ça au monde maintenant! Vous voir, seulement vous voir! — Et passant ses bras autour du cou du jeune homme, elle eut une étreinte qui fit sentir à Henri qu'elle n'avait pas de corset.

Après un embrassement de quelques secondes :

— Ah! tenez, c'est impossible!... Ne parlons plus de cela, — dit brusquement Henri en se levant.

— Je serai forte, moi, — dit gravement madame Bourjot.

Cette comédie de renoncement une fois jouée, tous deux se trouvèrent plus à l'aise. — Maintenant, — reprit madame Bourjot, — écoutez-moi... M. Bourjot vous donnera sa fille...

— Vraiment, vous êtes folle, Laure...

— Ne m'interrompez pas... M. Bourjot vous donnera sa fille... Je crois que son intention est de demander à son gendre de demeurer avec lui... Au reste, toute liberté : appartement, voiture, cuisinier à part... Notre train, vous le connaissez... A moins que M. Bourjot n'ait changé d'idée, *elle* aura un million de dot; et à moins qu'il ne se ruine, ce qui n'est pas dans les choses probables, vous aurez, quand nous n'y serons plus, de quatre à cinq millions...

— Et comment voulez-vous sérieusement que mademoiselle Bourjot, qui a un million, qui en aura quatre ou cinq, épouse...?

— Je suis sa mère, — répondit madame Bourjot, avec un accent décisif. — Et puis ne l'aimez-vous pas? Mon Dieu! c'est une convenance comme une autre... — Et madame Bourjot eut un sourire. — Vous lui apporterez le bonheur, vous...

— Mais le monde?...

— Le monde?... Enfant!

Elle eut un petit haussement d'épaules. — On lui ferme la bouche avec des truffes...

— M. Bourjot?

— Cela me regarde... Il vous adorera avant deux mois... Seulement, vous le connaissez : il demandera un titre; il a toujours pensé à un comte pour sa fille... Tout ce que je puis, c'est de faire qu'il se rabatte sur une particule, sur un *de*... Rien n'est plus simple aujourd'hui que d'obtenir l'autorisation d'ajouter à son nom le nom d'une terre, d'un bois, d'un pré, d'un lopin quelconque... N'ai-je pas entendu parler à votre mère d'une ferme de Villacourt que vous avez dans la Haute-Marne? *Mauperin de Villacourt*... cela ferait assez bien... Vous savez, pour moi, combien je tiens peu à ces choses-là...

— Oh! ce serait d'un ridicule... avec mes principes... mon libéralisme... engagé comme je le suis... Et pour moi-même.

— Bah! vous direz que c'est un caprice de votre femme... Mais je vois tout le monde en porter de ces noms-là, c'est comme la croix, ça! Voulez-vous que je fasse parler au ministre de la justice?

— Mais pas du tout... Non, je vous en prie... Je croyais n'avoir mis dans mes paroles rien qui pût vous faire croire que j'étais disposé à accepter... Je ne sais pas vraiment, là, bien sincèrement... Vous comprendrez que j'aie besoin de réfléchir, de me reconnaître, d'estimer mon devoir... d'être plus à moi et moins à vous, avant de vous donner une réponse.

— J'irai voir votre mère cette semaine, mon ami, — fit madame Bourjot en se levant, et lui serrant la main : — Adieu, — dit-elle tristement, — la vie est un sacrifice !

XXII

— Renée, — disait un soir madame Mauperin à sa fille, — veux-tu venir voir demain l'exposition de lord Mansbury? C'est très-curieux, à ce qu'il paraît...

On dit qu'il y a un tableau qui se vendra plus de cent mille francs... M. Barousse a pensé que ça t'intéresserait. Il m'a envoyé le catalogue et une carte d'entrée. Cela te va-t-il ?

— Je crois bien, que ça me va, — fit Renée, — ça me va tout à fait.

Le lendemain, Renée fut un peu étonnée de voir sa mère venir à sa toilette, s'occuper d'elle, lui faire mettre son chapeau le plus frais.

— C'est que vois-tu maintenant, ces expositions, c'est si couru, — lui dit madame Mauperin en lui refaisant son nœud de chapeau, — il faut que tu sois mise comme tout le monde.

Quoique l'exposition fût particulière, il y avait foule dans la salle où était exposée la collection de lord Mansbury, au premier étage de l'Hôtel des commissaires-priseurs. Le renom des tableaux, le scandale même de la vente nécessitée, disait-on, par les folies de lord Mansbury pour une actrice du Palais-Royal, avaient attiré tous les habitués de l'hôtel Drouot, le monde que la mode y amène depuis quelques années, tout l'immense public du bric-à-brac, les badauds de l'art, les amateurs connus et presque tous les curieux de Paris.

On avait été obligé de hisser au haut des murs, hors de la portée de la foule, les trois ou quatre plus précieuses toiles de la vente. Dans la salle, on entendait ce bruit sourd, propre aux ventes des gens riches, ce bourdonnement des prix qui montent, des caprices qui s'allument, des folies qui s'entraînent, des rivalités de banquiers et des vanités d'argent qui s'échauffent. Un murmure d'enchères en sourdine courait de groupes en groupes. « Ça moutonnait, » ainsi que disent les marchands.

A l'entrée de la salle, madame Mauperin et sa fille trouvèrent Barousse donnant le bras à un jeune homme d'une trentaine d'années. Le jeune homme avait de grands yeux doux qui eussent été beaux s'ils n'avaient été un peu bêtes. Sa tournure, empâtée par un commencement d'embonpoint, lui donnait l'air assez commun.

— Enfin, mesdames... — dit Barousse, et s'adressant à madame Mauperin : — Permettez-moi de vous présenter mon jeune ami, M. Lemeunier... Il connaît parfaitement la collection, et si vous avez besoin d'un guide, il vous mènera aux bons endroits... Moi, je vais vous demander la permission d'aller pousser quelque chose à la salle n° 3.

On fit un tour de salle. M. Lemeunier conduisit madame Mauperin et sa fille aux toiles signées des noms les plus célèbres, expliqua simplement le sujet des tableaux et ne parla pas peinture. Renée, au fond d'elle, sans savoir pourquoi, lui en sut gré. L'exposition parcourue, madame Mauperin quitta le bras de M. Lemeunier, le remercia, et l'on se salua.

Renée eut envie de voir une salle à côté. Ce qu'elle vit d'abord en entrant, ce fut le dos de M. Barousse, un dos d'amateur en pleine émotion de vente. Il était assis sur la chaise la plus rapprochée du commissaire-priseur, tout à côté d'une marchande en bonnet, à laquelle il ne faisait que pousser le coude, cogner les genoux, souffler fiévreusement des enchères qu'il croyait cacher au commissaire-priseur, au crieur, à l'expert, à la salle.

— Allons, viens, tu l'as assez vu, — dit au bout d'un peu de temps madame Mauperin. — Et puis, c'est aujourd'hui le jour de ta sœur; il n'est pas trop tard. Nous n'y avons pas mis les pieds cette année. Cela lui fera plaisir.

La sœur de Renée, la fille aînée de madame Mauperin, madame Davarande, était par excellence « la femme du monde. » Le monde emplissait sa vie et toute sa tête. Enfant, elle en rêvait. Dès sa première communion, elle y aspirait. Elle s'était mariée toute jeune. Elle avait pris le premier homme « bien » qu'on lui avait présenté, sans hésitation, sans trouble, du premier mouvement. Ce n'était point M. Davarande, c'était une position qu'elle épousait. Le mariage, pour elle, était la voiture, les diamants, la livrée, les invitations, les connaissances, la promenade au Bois. Elle eut tout cela, se passa d'enfants, aima ses toilettes, et fut heureuse. Trois bals dans un soir, quarante cartes à mettre avant dîner, courir des *jours*, en tenir un, — hors de là, elle n'imaginait point qu'il y eût de bonheur.

Donnant tout au monde, madame Davarande lui empruntait tout, ses idées, ses jugements, ses manières de charité, ses formules de cœur, ses façons de sensibilité. Elle avait les opinions des femmes coiffées chez Laure. Elle pensait ce qu'il était distingué de penser, comme elle mettait ce qu'il était distingué de mettre. Tout, depuis ses gestes jusqu'à son meuble de salon, depuis le jeu qu'elle jouait jusqu'à l'aumône qu'elle faisait, depuis le journal qu'elle lisait jusqu'au plat qu'elle commandait à son cuisinier, visait à être bon genre : le bon genre était sa règle et sa foi. Elle suivait la mode partout où elle allait, et jusqu'aux Bouffes-Parisiens. Elle avait appris à connaître au Bois quelques filles pour les nommer : cela faisait bien. Elle mettait à son nom un petit *d*, une apostrophe, un grand *A*, et l'écrivait *d'Avarande*.

Madame Davarande était pieuse : Dieu lui semblait *chic*. Il lui eût paru presque aussi indécent de ne pas avoir de paroisse que de ne pas porter de gants. Elle avait adopté une de ces églises où se font les beaux mariages, où se saluent de grands noms, où les chaises sont armoriées, où le suisse reluit d'or, où l'encens sent le patchouli, où le parvis ressemble le dimanche, au sortir de la grande messe, au corridor des Italiens lorsqu'a chanté Mario. Elle allait aux sermons des prédicateurs qu'il fallait avoir entendus. Elle se confessait, non au confessionnal, mais dans une communauté. Le nom et la personne du prêtre jouaient pour elle un grand rôle dans les sacrements ; elle ne se serait pas crue mariée si elle avait été mariée par un autre que par l'abbé Blampoix, et elle doutait qu'un baptême fût bon, quand on n'envoyait pas un billet de deux cents francs au curé, dans une boîte de dragées.

Cette femme, toute au monde, même à l'église et dans le salut, était vertueuse, absolument, naturellement, foncièrement, sans qu'il y eût dans sa vertu ni effort, ni mérite, ni conscience. Dans ce tourbillon, dans cet air factice, dans cette atmosphère chaude, livrée à toutes les occasions et à toutes les sollicitations de la vie de salon, elle n'avait ni ce qu'il faut de cœur à une femme pour rêver, ni ce qu'il lui faut d'esprit pour s'ennuyer. L'appétit et la curiosité lui manquaient. Elle était de ces natures heureuses et étroites qui n'ont pas en elles l'étoffe d'une faute. Elle avait cette sagesse inattaquable de quelques femmes de Paris que la tentation traverse et ne touche pas ; elle était honnête comme le marbre est froid. Physiquement même, le monde, comme il arrive quelquefois pour les natures lymphatiques et délicates, la détachait du désir en usant ses forces, toute son activité nerveuse, le mouvement du peu qu'elle avait de sang, dans l'agitation des visites et des courses, le travail de l'amabilité, l'accablement des soirées, la lassitude des nuits, l'énervement des lendemains. Il y a des rôles de femme du monde à Paris qui, par la dépense de vie et de fièvre, par la contention de l'énergie et de la grâce, ressemblent presque à ces métiers d'écuyères et de danseuses de corde dont le tempérament se perd dans la fatigue des exercices.

Madame Mauperin et sa fille rencontrèrent madame Davarande dans sa salle à manger, en train de reconduire, avec de grandes amabilités, un monsieur glabre, à lunettes bleues.

— Pardon, — dit-elle en revenant et en embrassant sa mère et sa sœur, — c'est M. Lordonnot, l'architecte du Sacré-Cœur... Je le soigne pour mes quêtes... Il m'a fait faire douze cents francs, sais-tu, la dernière fois... C'est beau : Madame de Berthival n'est jamais allée jusqu'à huit cents... Enfin on vous voit... c'est gentil d'être venu. Entrez donc, je n'ai personne aujourd'hui : Madame de Thésigny, madame de Champromard et madame de Saint-Sauveur, voilà tout ; et puis deux petites bonnes gens, le petit de Lorsac, que tu connais, je crois, maman, et son ami de Maisoncelles... Attends, — dit-elle à Renée en lui donnant une petite tape sur les cheveux pour les rabattre, — tu es coiffée trop en chien... — Elle ouvrit la porte du salon : — Ma mère et ma sœur, mesdames...

On se leva, on se salua, on se rassit, on se regarda. Les trois amies de madame Davarande, enfoncées dans des bergères, avec les poses molles que donnent les meubles moelleux, apparaissaient toutes mignonnes, à demi enveloppées de l'ampleur de leur robe et de leur immense jupe remontée jusque sous leurs bras. Une mise délicieuse, de petits chapeaux adorables, des gants à ganter des mains de poupée, un corsage coupé par un artiste, la toilette et les mille riens qui la font valoir, les jolies attitudes, le piquant du maintien, la fantaisie du geste, le caprice du corps et du mouvement, le *frou-frou*, ce bruit de soie de l'élégance, elles avaient tout ce dont la Parisienne fait son charme, et, sans être belles, elles trouvaient le moyen d'être presque jolies avec un sourire, un regard, des détails, des apparences, des éclairs, de l'animation, un certain petit tapage de physionomie.

Les deux amis, Lorsac et Maisoncelles, dans la fleur de leurs vingt ans, roses et blancs, brillants de santé, encore un peu poupins, imberbes et frisés, tout heureux d'être admis au jour d'une jeune femme, se tenaient sur le bout de leurs chaises, respectueusement. C'étaient deux jeunes gens parfaitement élevés. Ils sortaient d'une pension tenue par un abbé qui leur donnait tous les soirs une soirée présidée par sa sœur, avec un thé dans la salle de billard.

La conversation reprit.

— Henriette, — fit madame de Thésigny en s'adressant à madame Davarande, — allons-nous demain voir le mariage de mademoiselle de Bussan? On m'a dit que tout le monde y allait... Ça fait un bruit, ce mariage!

— Alors, tu viendras me prendre... Le marié, comment est-il? sait-on? Le connaissez-vous, madame de Saint-Sauveur?

— Non, du tout.

— Fait-elle un beau mariage?

— Affreux, — fit madame de Champromard, — il n'a rien... quinze mille livres de rente pour tout potage.

— Mais, — hasarda madame Mauperin, — il me

semble pourtant, madame, que quinze mille livres de rentes...

— Oh! madame, — reprit madame de Champromard, — mais il n'y a pas de quoi changer ses bijoux de monture, à l'heure qu'il est, avec ça...

— Monsieur de Lorsac, — fit madame Davarande, — allez-vous à ce mariage?

— J'irai, si vous le désirez...

— Eh bien! je le désire. Vous me retiendrez deux chaises. On éreinte sa robe sans cela. On peut se mettre en gris-perle, n'est-ce pas?

— Certainement, — répondit madame de Thésigny, — c'est un mariage moire antique. Monsieur de Maisoncelles, deux chaises aussi pour moi, n'oubliez pas...

De Maisoncelles s'inclina.

— Et si vous êtes bien sage, je vous prendrai mercredi pour mon cotillonneur...

De Lorsac rougit pour de Maisoncelles.

— Vous n'allez point dans le monde, mademoiselle? — demanda madame de Saint-Sauveur à Renée assise auprès d'elle.

— Non, madame, je ne l'aime pas, — répondit assez sèchement mademoiselle Mauperin.

— Julie, — dit madame de Thésigny à madame de Champromard, — redis donc ta fameuse chambre de mariée... Madame Davarande n'y était pas... Écoute un peu, ma chère.

— Eh bien! c'est ma lingère qui m'a raconté ça... Figure-toi que c'est en satin blanc, les murs, avec application de blonde et ruche de satin courante qui dessine les panneaux... Les draps, on m'a montré l'échantillon... c'est de la batiste... en toile d'araignée ! Les matelas sont en satin blanc... et capitonnés avec des nœuds de soie floche bleu de ciel qu'on voit au travers du drap... Et ce qui va bien vous étonner, c'est que tout ça est pour une femme honnête.

— Ah! oui, — dit madame de Saint-Sauveur, — c'est le plus étonnant... Tout maintenant est pour les coquines... Vous ne savez pas ce qui m'arrive, à la campagne? une chose très-désagréable. J'ai une vilaine femme dans mon voisinage... Nous nous rencontrons à la messe, elle a un banc, figurez-vous! depuis qu'elle est dans le pays, elle a tout fait monter... C'est-à-dire qu'une ouvrière, au château, nous ne pouvons pas en avoir maintenant à moins de quinze sous... L'argent, pour ces créatures-là, vous comprenez, cela ne leur coûte rien... C'est qu'elle est adorée avec ça, cette intrigante-là. Elle va soigner les paysans, elle place des enfants, elle leur donne des vingt francs... Avant elle, nous faisions un peu de bien pour pas cher; maintenant ce n'est plus possible... Ça n'a pas de nom, je l'ai dit au curé, c'est scandaleux... Et c'est à un de vos parents que nous devons cela, monsieur de Lorsac, à votre cousin, M. d'Orambeau... Mes compliments quand vous le verrez...

Les deux jeunes gens se renversèrent en riant sur leur chaise et mordirent d'un même mouvement leur canne d'aise.

— Et d'où venez-vous comme cela? — demanda madame Davarande à sa mère et à sa sœur.

— Des commissaires-priseurs, — répondit madame Mauperin. — M. Barousse nous a entraînées à une exposition de tableaux...

— L'exposition de lord Mansbury, — fit Renée.

— Tiens, il faudra que nous allions aux commissaires-priseurs, Henriette, — dit madame de Thésigny ; — nous irons *rococoter*... c'est très-amusant.

— Avez-vous vu l'exposition de la Petrucci, ma chère? — fit madame de Saint-Sauveur.

— Elle vend donc? — demanda madame de Thésigny.

— J'avais une envie d'y aller... — fit madame Davarande. — Si j'avais su que vous y alliez...

— Nous y étions toutes, — interrompit madame de Saint-Sauveur... — C'était d'un curieux... Il y avait une vitrine de bijoux... un collier de perles noires entre autres... si tu avais vu !... à trois rangs... Il n'y a pas de mari dans le monde capable de vous donner ça : il faut une souscription nationale...

— Nous ne verrons pas ton mari ? — demanda madame Mauperin à madame Davarande.

— Oh ! il n'est jamais à mon jour, mon mari, Dieu merci ! — Et madame Davarande tourna la tête en entendant entrer derrière elle : c'était Barousse, suivi du jeune homme avec lequel il avait été rencontré à l'Hôtel des commissaires-priseurs par madame Mauperin.

— Ah ! nous nous retrouvons, — fit-il en déposant sur une chaise le petit carton, qui ne le quittait point.

Renée sourit.

Le bavardage recommença :

— Avez-vous lu ce roman... ce roman ?
— Dans le *Constitutionnel?*
— Non.
— De... Ah ! je ne sais plus le nom... Ça s'appelle... Attendez...
— On ne parle que de ça...
— Lisez-le...
— Mon mari me le prendra au Cercle...
— Cette pièce, est-ce amusant ?
— Je n'aime que les drames.
— Y allons-nous ?
— Prenons une loge.
— Vendredi ?
— Non, samedi.
— Si nous soupions après ?
— C'est cela.
— Aux Provençaux ?
— Ton mari viendra-t-il ?
— Oh ! il fait ce qu'on fait, lui...

On se parlait, on se répondait, on ne s'écoutait pas. Toutes caquetaient ensemble. Les mots, les questions, les voix se croisaient dans le babillage : c'était le ramage d'une volière. La porte s'ouvrit.

— Ne vous dérangez pas, personne,—dit en entrant une jeune femme grande, maigre, vêtue de noir, — je suis montée en passant, je n'ai qu'une minute. .

Elle salua les dames, se posa devant la cheminée, le coude sur le marbre, les mains dans son manchon, jeta un regard dans la glace, tendit au feu, en relevant un peu sa jupe, la petite semelle fine de sa bottine, et reprit : — Henriette, je viens pour un service, un grand service... Il faut absolument que tu te charges des invitations du bal que donnent les Brodmer, tu sais, ces Américains qui viennent d'arriver, qui ont un appartement de quarante mille francs rue de la Paix.

— Ah! les Brodmer, — dit madame de Thésigny, — oui... oui...

— Mais ma chère, — dit madame Davarande, — c'est très-délicat. Je ne les connais pas... Sais-tu ce que c'est au moins que ces gens-là?

— Eh bien! ce sont des Américains... Ils ont fait fortune dans le coton, dans la chandelle, dans l'indigo, dans le nègre, dans je ne sais quoi... Mais je te demande un peu ce que ça nous fait !... Et puis l'Américain, maintenant, c'est accepté... Moi d'abord, les gens qui donnent des bals, je ne leur demande qu'une chose, c'est de n'être pas de la police et de bien donner à souper... Ce sera superbe chez eux, à ce qu'il paraît... La femme est prodigieuse... elle parle le français des forêts vierges... On dit qu'elle a été tatouée dans son enfance... Ça l'empêche de se décolleter... C'est très-drôle !... elle t'amusera... Ils veulent avoir des gens bien, tu comprends... Fais ça pour moi, n'est-ce pas? Je t'assure que si je n'étais pas en deuil, c'est moi qui aurais mis au bas des invi-

tations : « De la part de la baronne de Lermont... »
Et puis ce sont des gens qui font les choses bien... Oh!
ça, j'en suis sûre... C'est impossible qu'ils ne te donnent pas quelque chose...

— Oh! par exemple, si je me charge des invitations, je ne veux pas de cadeau...

— Es-tu drôle! Mais ça se fait journellement...
c'est dans les mœurs... c'est comme si tu refusais, de
ces jeunes gens, un sac de marrons glacés au jour de
l'an! Là-dessus je me sauve... Je te les amènerai demain, mes sauvages... Adieu, adieu... A propos, je
suis mourante...

Et sur ce mot elle disparut.

— C'est vrai? — demanda Renée à sa sœur.

— Quoi?

— Qu'on fournit aussi le monde dans les bals?

— Tiens, tu ne savais pas?

— J'étais dans la même ignorance, — dit le jeune
homme amené par Barousse.

— C'est très-commode pour les étrangers, — reprit madame Davarande.

— Oui, mais c'est assez humiliant pour les Parisiens, il me semble; n'est-ce pas, mademoiselle? — Et
le jeune homme se tourna vers mademoiselle Mauperin.

— Oh! c'est reçu, — fit madame Davarande.

XXIII

Madame Bourjot venait d'arriver avec sa fille chez les Mauperin. Elle avait embrassé Renée au front et s'était assise à côté de madame Mauperin sur le canapé, près de la cheminée.

— Mesdemoiselles, — fit-elle en se retournant vers les deux jeunes filles qui caquetaient dans un coin, — si vous laissiez un peu causer vos mères ? Promenez-moi un peu Noémi, Renée, je vous la confie.

Renée prit Noémi par la taille, l'entraîna avec elle en sautant, ramassa sur une chaise de l'antichambre une capeline des Pyrénées qu'elle se jeta sur la tête, chaussa de tout petits sabots et se mit à courir dans le jardin, gaiement, avec des envolées de petite fille, sans lâcher son amie. Puis s'arrêtant net, tout essoufflée : — Il y a un secret ! il y a un secret ! sais-tu le secret ?

Noémi la regarda avec deux grands yeux tristes et ne répondit pas.

— Bête ! — fit Renée en l'embrassant. — Moi, je devine... j'ai attrapé des mots... Maman est si pot cassé !... Il s'agit de monsieur mon frère, la...

— Asseyons-nous ; veux-tu ? je suis lasse.

Et Noémi s'assit sur le banc, à la place où sa mère s'était assise la nuit du spectacle.

— Mais tu pleures? qu'est-ce que tu as? — dit Renée. Et elle se mit à côté d'elle. Noémi laissa glisser sa tête sur son épaule, et elle fondit en larmes, en grosses larmes que Renée sentait tomber toutes chaudes sur sa main.

— Quoi? dis!... réponds-moi, parle-moi!... Noémi... voyons, ma petite Noémi?

— Oh? tu ne sais pas... — répondit Noémi en mots entrecoupés et comme si elle étouffait. — Je ne veux pas... Laisse-moi... Si tu savais!... Sauve-moi! — Et elle se jeta désespérément au cou de Renée. — Je t'aime pourtant bien, toi!

— Voyons, Noémi, je n'y comprends rien... Est-ce ce mariage? Est-ce mon frère? Je veux que tu me répondes, entends-tu?

— Ah! c'est vrai, tu es sa sœur... Tiens! je n'y pensais plus... Tu ne sais pas? Je voudrais mourir...

— Mourir!... Pourquoi?

— Eh bien! parce que ton frère est...

Elle s'arrêta devant l'horreur de dire tout haut ce qu'elle allait dire, finit sa phrase par un murmure à l'oreille de Renée, et tombant la tête dans la poitrine de son amie, y cacha la honte de son âme et la rougeur de sa joue.

— Mon frère?... Tu dis?... Tu mens!... — Et la repoussant, Renée se dressa d'un bond en face d'elle.

— Moi? — Et, pour toute réponse, Noémi leva doucement vers Renée des yeux où la vérité était comme une lumière.

Devant ce regard, Renée croisa les bras. Elle se

tint quelques instants toute droite, silencieuse, dans une pose résolue, énergique et recueillie. Elle se sentait la force d'une femme et presque les devoirs d'une mère auprès de cette enfant. Elle reprit :

— Mais comment ton père?... mon frère n'a pas de nom...

— Mais il doit en prendre un...

— Ah! il quitte notre nom?... Il fait bien!

XXIV

— Tiens! c'est toi? tu n'es pas encore couchée? — dit Henri à Renée, comme elle entrait le soir dans sa chambre. Il fumait. Il était dans ce bienheureux moment où, les pantoufles aux pieds, les pieds sur le marbre de la cheminée, enfoncé dans un fauteuil, l'homme rumine ses rêves, en poussant paresseusement au plafond la fumée d'un dernier cigare.

Il songeait à tout ce qui était arrivé depuis quelques mois. Il se félicitait d'avoir si bien manœuvré. Il repassait dans sa tête cette idée de comédie qu'il avait paru lancer en l'air, le soir, dans le jardin, son absence des premières répétitions, l'indifférence froide qu'il avait affectée avec Noémi pour la rassurer, endormir ses répugnances, arrêter sur ses lèvres un refus de jouer. Il pensait à ce coup de maître, son amour montré tout à coup aux jalousies de la mère, dans l'éclat du spectacle, et s'échappant de lui comme si le rôle qu'il jouait lui arrachait le secret de son cœur. Ce qui avait suivi, la façon dont il avait poussé à bout le désespoir de ce dernier amour, sa tenue dans la dernière entrevue, tout cela lui revenait; et il prenait un certain orgueil de lui-même, en se rappelant tant de circonstances prévues, combinées, arrangées d'avance, et si naturellement amenées et jetées par lui dans la passion d'une femme de quarante ans.

— C'est moi... Je n'ai pas envie de dormir ce soir...
— Et Renée, tirant près de la cheminée une petite chauffeuse, s'y assit. — J'ai envie de bavarder, comme nous bavardions autrefois, te rappelles-tu? quand tu n'avais pas ton appartement à Paris... Ah! tu m'as habituée au cigare, à la pipe, à tout, ici... En avons-nous taillé de ces bavettes, quand tout le monde était couché! Nous avons bien ri, nous avons dit bien des bêtises au coin de cette cheminée-là... Maintenant, monsieur mon frère est un homme sérieux...

— Tout ce qu'il y a de plus sérieux, — fit Henri en souriant, — je me marie.

— Oh! — dit-elle, — ce n'est pas fait... Je t'en prie...

Et se jetant à ses genoux, elle lui prit les mains :
— Voyons, c'est moi... Oh! tu ne voudrais pas... pour de l'argent! Je suis à tes genoux, tu vois bien. Et puis, ça porte malheur de quitter le nom de son père... C'est notre sang, ce nom-là, Henri... Notre brave père! Ne fais pas ce mariage, je t'en supplie...

si tu m'aimes, si tu nous aimes tous... Oh! je t'en supplie!

— Ah çà! est-ce que tu deviens folle? Qu'est-ce que c'est que cette scène-là?... Voyons, en voilà assez, lève-toi!

Renée se releva, et appuyant son regard sur le regard de son frère : — Noémi m'a dit... tout!

Le rouge lui était monté aux joues. Henri était pâle comme si on lui avait craché à la face.

— Vous ne pouvez pourtant pas épouser sa fille! — s'écria-t-elle.

— Ma chère, — répondit Henri d'une voix froide et qui tremblait, — il me semble que vous vous mêlez de choses qui ne vous regardent pas... et vous me permettrez de vous dire que pour une jeune fille...

— Ah! c'est de la boue que je ne devrais pas connaître, c'est vrai!... et que je n'aurais jamais connue sans toi!

— Ma chère!...

Et Henri s'avança sur sa sœur. Il avait une de ces colères blanches qui font peur. Renée, effrayée, recula. Il lui prit la main, lui montra la porte et lui dit:
— Sortez!

Un moment, dans le corridor, il la vit s'appuyer de la main contre le mur.

XXV

— Montez, Henri, — dit M. Mauperin à son fils.
— Et comme Henri voulait le faire passer devant lui :
— Montez, — répéta M. Mauperin.

Au bout d'une demi-heure, le père et le fils redescendaient de chez le garde des sceaux.

— Eh bien ! vous devez être content de moi, Henri, — dit M. Mauperin, qui avait le sang à la figure. — J'ai fait ce que votre mère et vous vous avez voulu... Ce nom... vous l'aurez...

— Mon père...

— C'est bien, n'en parlons plus... Revenez-vous avec moi ? — lui demanda-t-il en boutonnant sa redingote, avec le geste militaire dont les vieux soldats sanglent leurs émotions.

— Non, mon père, je vous demande la permission de vous laisser... J'ai beaucoup de choses à faire aujourd'hui... Je viendrai demain dîner...

— Alors à demain... Vous ferez bien de venir... Votre sœur est toujours un peu souffrante.

En voyant s'éloigner la voiture où était son père, Henri releva la tête, regarda sa montre, et, du pas allègre et dégagé d'un homme qui se sent le vent de la fortune au dos, il se lança dans la rue de la Paix.

Au coin de la chaussée d'Antin, il entra au café

Bignon, où l'attendaient de gros jeunes gens qui sentaient l'argent et la province.

Le déjeuner se passait à parler Concours régionaux; puis, sur les boulevards où l'on allait fumer un cigare, la causerie allait aux questions d'assolement, de drainage, de *chaulage*, et de là montait aux élections, à l'esprit du département, aux chances des candidatures dessinées, ébauchées, essayées dans les comices agricoles. A deux heures, Henri quittait ces messieurs, en promettant à l'un un article sur sa ferme-modèle, montait à son cercle, parcourait les journaux, puis écrivait lentement sur son calepin quelque chose qui semblait lui demander un grand travail de rédaction.

De là, il courait lire un rapport à une Compagnie d'assurances, dans le comité de surveillance de laquelle il était parvenu à se pousser, grâce à la notoriété et à l'honorabilité industrielle de son père. A quatre heures il sautait dans un coupé et faisait une tournée de visites à des femmes qui avaient un salon, une influence, des relations au service de la carrière d'un homme. Il se rappelait qu'il n'avait pas porté sa cotisation à la Société du bon emploi du Dimanche pour les ouvriers : il la portait.

A sept heures, la cordialité aux lèvres et la poignée de main toute prête, il montait l'escalier de Lemardelay, où « l'Association amicale » des anciens élèves de son collége donnait son banquet annuel. Au dessert, il prenait la parole, récitait le discours qu'il avait improvisé dans la journée à son cercle, parlait « d'agape fraternelle, de famille retrouvée, de lien entre le passé et l'avenir; d'assistance aux anciens camarades frappés de malheurs immérités... » Les applaudissements éclataient; l'orateur avait disparu. Il touchait à la conférence d'Aguesseau, en repartait, tirait de sa poche une cravate blanche, la mettait en voiture et se montrait encore dans trois ou quatre soirées.

XXVI

Le coup au cœur que Renée avait ressenti en sortant de la chambre de son frère, et sous lequel elle avait un moment chancelé, lui avait laissé des palpitations. Elle fut souffrante pendant près de huit jours. Le mal cédait à un régime doux, à quelques pilules de digitale. Mais elle demeurait triste, d'une tristesse que le temps ne guérissait pas. En la voyant malade, sachant d'où venait son mal, Henri avait tout fait pour se rapprocher d'elle. Il l'avait entourée de soins, de caresses, d'attentions où il avait mis comme son repentir. Il avait essayé de rentrer en grâce auprès de ce cœur, de désarmer cette conscience, d'apaiser cette âme indignée. Mais il sentait toujours en elle une froideur, une répugnance, une espèce de résolution sourde qui lui faisait vaguement peur. Elle n'avait oublié, il le comprenait, que l'injure de sa brutalité : elle avait pardonné au frère, non à l'homme.

Sa mère, un jour, devant la mener à Paris pour la distraire, se trouva indisposée au moment de partir. Henri, qui avait des courses à faire, se proposa pour y conduire sa sœur. Ils partirent. Arrivés à Paris, comme ils passaient rue Richelieu, devant la Bibliothèque, Henri fit arrêter le coupé qu'ils avaient pris au chemin de fer. — Veux-tu m'attendre un instant? — dit-il à sa sœur; — j'ai quelque chose à demander au conservateur des titres. Au fait, pourquoi ne viendrais-tu pas avec moi? Tu as toujours eu envie de voir des miniatures de manuscrits... C'est dans la même salle. Cela t'amusera à regarder... Je prendrai mon renseignement pendant ce temps-là...

Renée prit le bras de son frère et ils montèrent aux Manuscrits. Henri l'installa au bout d'une table, lui fit apporter un livre d'Heures, et alla parler à un conservateur, dans une embrasure de fenêtre.

Renée feuilletait lentement son livre. Derrière elle, un garçon de salle se chauffait à une bouche de chaleur. Bientôt il fut rejoint par un autre garçon qui venait d'apporter des volumes et des titres sur le bureau près duquel causait Henri. Et Renée entendit ceci, qui était dit dans son dos à deux pas d'elle :

— Tiens, Chamerot, tu vois ce petit monsieur?

— Oui, au bureau de M. Reisard.

— Eh bien! il peut se vanter d'être mal renseigné!... Il vient demander s'il n'y a pas eu une famille de Villacourt dans le temps, et s'ils sont éteints... On lui dit que oui... Moi, s'il me demandait, je lui dirais qu'il doit encore y en avoir... Je ne sais pas si c'est des mêmes... Mais pour sûr il y en avait quand j'ai quitté le pays, et un de solide, l'aîné, M. Boisjorand; à preuve que nous nous sommes battus ensemble une fois, et qu'il tapait dur... C'est à deux pas de chez nous, leur château... Il y avait une tour qu'on y voyait dessus Saint-Mihiel, et plus loin... Mais ce n'était déjà plus à eux, déjà, de mon temps... Des mange-tout, dans cette famille... Oh! de drôles de nobles! Ils vivaient avec les charbonniers, dans le bois de la Croix-du-Soldat, à la Motte-Noire... comme des satyres...

Saint-Mihiel, le bois de la Croix-du-Soldat, la Motte-Noire, — ces mots entrèrent dans la tête de Renée.

— Là, j'ai ce que je voulais, — dit gaiement Henri en revenant à elle. Et il l'emmena.

XXVII

Denoisel avait laissé Renée à son piano, et se promenait dans le jardin. En revenant vers la maison, il fut étonné de lui entendre jouer quelque chose qui n'était plus le morceau qu'elle déchiffrait; puis tout à coup la musique se brisa, et il n'entendit plus rien. Il alla vers le salon, poussa la porte: Renée, assise sur son tabouret, la tête dans les mains, pleurait à chaudes larmes.

— Renée, mon Dieu ! qu'est-ce que vous avez ?

Deux ou trois sanglots empêchèrent d'abord Renée de répondre ; puis s'essuyant les yeux, comme font les enfants, du revers de ses deux mains, elle lui dit avec une voix étranglée de larmes :

— C'est... c'est... trop bête... c'est cette machine de Chopin... pour son enterrement, vous savez... sa messe... qu'il a faite... Papa me défend toujours de la jouer... Comme il n'y avait personne aujourd'hui à la maison... Et puis, je vous croyais au fond du jardin... Oh ! je savais bien l'effet que ça me ferait... mais j'ai une rage de me faire pleurer avec ça... et vous voyez que je me suis régalée... Mais est-ce bête, hein ? Moi qui suis folichonne naturellement...

Voyons, êtes-vous souffrante, Renée ? Vous avez quelque chose... On ne pleure pas comme ça...

— Mais... non, je n'ai rien, je vous assure... je vais comme le Pont-Neuf... Je n'ai rien du tout, bien vrai... Si j'avais quelque chose, je vous le dirais, n'est-ce pas ?... Ça m'est venu avec cette vilaine bête de musique-là... Et aujourd'hui, je vous demande un peu ! aujourd'hui où papa m'a promis de me mener voir le *Chapeau de paille d'Italie*... — un sourire passa dans ses yeux mouillés, — le *Chapeau de paille d'Italie*, rien que ça, au Palais-Royal ! Je vais m'amuser, je suis sûre ! Je n'aime que ça, d'abord... Les autres spectacles, les drames, les pièces à sentiment... D'abord, je trouve qu'on a bien assez d'émotions, que ce n'est pas la peine d'en aller chercher... Et puis, une émotion qu'on partage avec tout le monde, c'est comme de pleurer dans un mouchoir qui ne serait pas à vous, je trouve... On vous emmène, vous savez... une vraie partie de garçon ! Papa a dit que nous dînerions au restaurant... Et je vous promets de retrouver pour la circonstance mon rire pouffant de petite fille, celui que j'avais avec ma gouvernante anglaise, vous vous rappelez, Miss... vous savez bien?... qui portait des rubans orange, et qui se grisait dans une armoire avec de l'eau de Cologne ! La bonne Anglaise !

Et ses doigts partant sur ce mot, Renée attaqua vivement une fantaisie sur le *Carnaval de Venise*. Puis s'arrêtant net :

— Vous avez été à Venise, vous ?
— Oui.
— Est-ce singulier qu'il y ait un endroit comme ça sur la terre, qu'on ne connaît pas, qui vous attire et qu'on rêve ? Pour les uns, c'est un pays, pour les autres, un autre... Moi, je n'ai jamais désiré voir que Venise... Venise, pour moi, tenez ! ça me fait l'effet... je vais vous dire une bêtise... c'est pour moi comme une ville où tous les musiciens seraient enterrés...

Elle remit ses mains sur les touches, mais elle ne fit que les effleurer sans bruit, comme si elle caressait du bout des doigts le silence du piano. Puis, les laissant glisser sur ses genoux, elle reprit, tout abandonnée dans une pose pensive, en retournant à demi la tête vers Denoisel :

— Tenez, la tristesse... c'est dans l'air... On ne sait pas... Il y a des jours où il fait du soleil, on ne souffre de rien, on n'a aucun ennui, pas de chagrin devant soi... Eh bien ! on a envie d'être triste, on se cherche des idées noires... Il faut qu'on pleure... Je me suis vue des fois dire que j'avais la migraine, et aller me coucher, tout bonnement pour pleurer, en enfonçant la tête dans mon oreiller... ça me faisait un bien !... Et on a dans ces moments-là une lâcheté à se secouer, à se sortir de là... c'est comme quand on commence à s'évanouir : il y a une douceur à se sentir le cœur s'en aller...

— Allons ! allons ! je vais faire seller votre cheval, ma petite Renée, et nous ferons un tour.

— Tiens ! c'est une idée... Mais je vous préviens : j'irai comme le vent, aujourd'hui !

XXVIII

— Que veux-tu ! ce pauvre Montbreton a quatre enfants... et pas trop de fortune, — dit M. Mauperin en repliant avec un soupir le journal où il venait de lire les nominations officielles, et en le plaçant loin de lui sur la table.

— Oui, on dit toujours ça... Aussitôt que quelqu'un fait une lâcheté, on vous dit : Il a des enfants !... On dirait vraiment dans la société, qu'on n'a des enfants que pour ça, pour mendier... et faire un tas de bassesses ! C'est comme si, d'être père de famille, ça vous donnait le droit d'être canaille...

— Voyons, Renée, — essaya de dire M. Mauperin.

— Non, c'est vrai... moi, je ne connais que deux sortes de gens, d'abord : ceux qui sont honnêtes... et les autres... Quatre enfants ! mais ça ne devrait servir d'excuse à un père que quand il vole un pain ! La mère Gigogne aurait eu le droit d'empoisonner, alors !... Je suis sûre que Denoisel pense comme moi...

— Moi ? Ah ! pas du tout, par exemple ! Je vote pour l'indulgence en faveur des gens mariés, des pères de famille. Je voudrais même qu'on eût la même charité pour les gens qui ont un vice, un vice un peu ruineux et auquel ils tiennent... Quant aux autres, à ceux qui, sans avoir rien à nourrir, ni vice, ni femme, ni enfants, se vendent, se ruinent, se courbent, s'aplatissent, s'enrichissent et s'avilissent... Ah ! ceux-là, je vous les abandonne...

— Je ne vous parle plus, à vous, — fit Renée d'un ton piqué. — Ça ne fait rien, papa, je ne comprends pas comment toi, ça ne te fait pas sauter, toi qui as toujours tout sacrifié à tes opinions... C'est dégoûtant enfin, ce qu'il a fait là.

— Mais je ne te dis pas le contraire... Seulement tu te montes... tu te montes...

— Eh bien ! oui, je me monte... et il y a de quoi ! Comment, voilà un homme qui devait tout à l'autre gouvernement... et qui disait un mal de celui-ci ! Et il se rallie ! Mais c'est un misérable que ton ami Montbreton ! un misérable !

— Ah ! ma chère enfant, c'est bien facile à dire ces mots-là... Quand tu auras un peu plus vécu, la vie te fera un peu plus indulgente... Il faut être plus douce, mon enfant... Tu es jeune...

— Non. C'est une chose qu'on a dans le sang, ça... Je suis trop ta fille, tiens !... et je ne saurai jamais avaler mes dégoûts... C'est une bête d'organisation, qu'est-ce que tu veux ! Mais toutes les fois que je vois quelqu'un que je connais... ou même que je ne connais pas... manquer à ce que vous, les hommes, vous appelez l'honneur... eh bien ! c'est plus fort que moi... c'est comme si je voyais un crapaud ! Ça me répugne, ça me dégoûte... et je marche dessus !... Voyons, est-on un homme d'honneur parce qu'on ne fait que les saletés qui ne mènent pas devant les tribunaux ? Est-on un homme d'honneur quand on a dans sa vie une de ces actions qui font rougir quand on est seul ? un homme d'honneur quand on fait de ces choses que personne ne vous reproche, que rien ne punit, mais qui vous ternissent la conscience ?... Ah ! je trouve qu'il y a des bassesses pires que de tricher au jeu !... Et les indulgences du monde me révoltent comme des complicités... Mais il y a des déloyautés, des malhonnêtetés... Ça me rend indulgente pour les scélérats, quand j'y pense ! Au moins, ils risquent quelque chose, ceux-là ! Ils jouent leur peau, leur liberté ! Ils y vont bon jeu, bon argent; ils ne font pas des infamies avec des gants ! J'aime mieux ça : au moins, c'est moins lâche !

Assise sur le canapé au fond du salon, les bras croisés, les mains fiévreuses, frémissante de tout le corps, Renée disait cela d'une voix vibrante, saccadée, et qui avait les colères de son âme. Ses yeux étaient de feu dans sa figure pleine d'ombre.

— Avec cela qu'il est bien intéressant, — reprit-elle, — ton M. de Montbreton ! Il a quinze ou seize mille livres de rentes à lui ! Quand il aurait eu un loyer un peu moins cher, quand ses filles n'auraient pas été habillées par madame Carpentier...

— Ah ! ceci mérite considération, — dit Denoisel.

— Un homme qui a plus de cinq mille livres de rentes, garçon, et plus de dix, marié, peut parfaitement rester attaché à un gouvernement qu'il a perdu... Il a le moyen d'avoir des regrets...

— Et il continuera à te demander de la considération, des poignées de main, des coups de chapeau ! Ah ! c'est trop fort ! J'espère bien que quand il viendra, papa... D'abord, moi, je prends la porte.

— Veux-tu un verre d'eau sucrée, Renée ? — fit M. Mauperin en souriant. — Tu sais, les orateurs... Tu as été vraiment belle un moment... Une éloquence... ça coulait comme de source...

— Oui, oui, moque-toi bien... Tu sais bien, je suis une passionnée, moi, comme tu dis... Et ton Montbreton... Mais je suis bien bonne, c'est vrai ! Ce n'est pas nous, ce monsieur, n'est-ce pas ? Ah ! si c'était quelqu'un des miens qui fît quelque chose comme ça, une chose contre l'honneur, une chose...

Elle s'arrêta brusquement. — Je crois, — reprit-elle avec un effort, et comme s'il lui montait des larmes aux yeux, — je crois que je ne l'aimerais plus... Oui, mon cœur, il me semble, se sécherait pour lui...

— Bon! de l'attendrissement, maintenant!... Nous avons eu le petit tribun tout à l'heure... voici la petite fille, à présent!... Tu ferais bien mieux de venir avec moi regarder l'album de caricatures que Davarande a envoyé à ta mère.

— Ah! voyons, — fit Renée en accourant. Et s'appuyant sur l'épaule de son père, qui feuilletait le cahier, elle regarda deux ou trois feuilles; puis, détournant la tête : — Eh bien! J'en ai assez... Mon Dieu! peut-on s'amuser à faire laid... plus laid que nature! Quelle drôle d'idée! D'abord, en art, en livres, en tout, je suis pour le beau... et pas pour ce qui est vilain... Et puis, c'est que je ne trouve pas ça amusant du tout, les caricatures... C'est comme les bossus... Ça ne me fait pas rire, moi, un bossu... Est-ce que vous aimez les caricatures, Denoisel?

— Moi!... ça me fait pleurer... Oui, c'est un genre de comique qui m'afflige, — répondit Denoisel en prenant une Revue à côté de l'album. — Ça me paraît une joie de famille fossile... Je ne peux pas en voir une sur une table sans penser à un tas de choses lugubres : l'esprit du Directoire, les dessins de Carle Vernet, et la gaieté de la Bourgeoisie!

— Merci! — dit M. Mauperin en riant, — et vous coupez par là-dessus ma *Revue des Deux Mondes* avec une allumette! Il est inouï, ce Denoisel!

— Voulez-vous un couteau, Denoisel? — fit Renée, et, plongeant la main dans ses poches, elle en retira toute une collection de petites choses qu'elle versa sur la table.

— Ah! sapristi! — fit Denoisel, — mais vous avez un musée dans vos poches... On en ferait une vacation aux Commissaires-priseurs... Qu'est-ce que c'est que tout ça?

— Des cadeaux... de quelqu'un. Et ça me suit partout. Voilà le couteau demandé, — et le montrant à son père en le passant à Denoisel : — Te le rappelles-tu, celui-là, où tu me l'as acheté? A Langres, une fois en relayant... Oh! il est vieux... Celui-là...
— elle en reprit un autre, — tu me l'as rapporté de Nogent... Il y a une lame d'argent, s'il vous plaît... Je t'ai donné un sou, tu te souviens?

— Ah! si nous entrons dans les inventaires! — dit gaiement M. Mauperin.

— Et là dedans? — demanda Denoisel, en désignant un tout petit portefeuille gonflé, usé, et d'où passaient des bouts de papier froissés et tout salis.

— Ah! ça, ce sont mes secrets...

Et ramassant tout ce qu'elle avait jeté sur la table, elle le remit vivement dans sa poche, avec le portefeuille. Puis, partant d'un grand éclat de rire, elle se refouilla, retira le portefeuille, et faisant sauter la patte, elle éparpilla devant Denoisel, sur la table, tous les petits papiers qui étaient dedans, et, sans les ouvrir, les reconnaissant un à un : — Tenez! ça, c'est une ordonnance qu'on a faite à papa quand il était malade... Ça, c'est une chanson qu'il m'a faite, il y a deux ans, pour le jour de ma naissance...

— Allons! allons! emballe ton reliquaire... cache tout ça, — dit M. Mauperin au moment où la porte s'ouvrait et où Dardouillet entrait. Et il balaya de la main tous les petits papiers.

— Ah! tu me déranges tout... — fit Renée d'un air fâché, en les rentrant dans son portefeuille.

XXIX

A un mois de là, dans le petit atelier, Renée disait à Denoisel : — Est-ce que vraiment je suis romanesque, moi, trouvez-vous?

— Romanesque, romanesque... D'abord qu'est-ce que vous entendez par romanesque?

— Oh! vous savez bien ce que je veux dire... c'est avoir des idées.,. pas comme tout le monde... c'est penser à un tas de choses qui ne peuvent pas arriver. Tenez! une jeune personne est romanesque, quand ça lui coûte de se marier comme on se marie, avec un monsieur comme les autres, un homme qui n'a rien d'extraordinaire, qui entre simplement par la porte, qui vous est présenté par papa et maman, et qui ne vous a pas seulement sauvé la vie, à première vue, en arrêtant votre cheval emporté ou en vous retirant du fond de l'eau... Vous ne me croyez pas de cette pâte-là, j'espère?

— Non... C'est-à-dire je n'en sais rien du tout... Je parie que vous n'en savez rien vous-même...

— Laissez donc! D'abord, c'est peut-être parce que je n'ai pas d'imagination, mais ça m'a toujours paru si drôle d'avoir un idéal, de rêver un monsieur!... C'est comme les héros de roman : jamais ils ne m'ont toquée. Je les trouve trop bien élevés, trop beaux, trop pourris de talents d'agrément... Ils sont écœurants, à la fin... Mais ce n'est pas ça. Voyons, vous, si on voulait vous faire vivre pour toute la vie, côte à côte avec un être... un être...

— Un être... comment?

— Laissez-moi dire... un homme qui ne répondrait pas du tout à certaines petites exigences délicates de votre nature, qui ne vous semblerait pas poétique, là, pas poétique pour un sou... mais qui, en même temps, rachèterait tout ce qui lui manquerait de tous les autres côtés par une bonté, une bonté comme on n'en voit pas...

— Tant de bonté que ça? Oh! je n'hésiterais pas, je prendrais la bonté les yeux fermés... Diable! c'est si rare.

— Vous estimez donc bien la bonté?

— Je l'estime, Renée, comme les choses qu'on a perdues...

— Vous? mais vous êtes très-bon...

— Je ne suis pas méchant, voilà tout. Je serais peut-être envieux, si j'avais plus de modestie et moins d'orgueil. Mais pour être bon... je ne suis pas bon. La vie vous guérit de cela comme d'être enfant. On jette son cœur, voyez-vous, Renée, comme on jette sa gourme.

— Alors, pour vous, la bonté...

— Oui, la bonté qui résiste aux hommes et à l'expérience, la bonté que j'ai rencontrée à l'état vierge chez deux ou trois bourgeois dans ma vie, pour moi, c'est encore ce qu'il y a de meilleur et de plus divin dans l'homme.

— Bien... Mais si un homme très-bon, aussi bon que vous le dites là, avait... une supposition... des pieds coupés dans ses bottes comme un morceau de galette? S'il avait du ventre cet homme bon, très-bon?

— Eh bien! on ne le regarde ni aux pieds ni au ventre : voilà tout... Mais pardon, c'est vrai, j'avais complétement oublié...

— Quoi?

— Rien... Que vous êtes une femme.

— Mais c'est très-méprisant pour mon sexe, ce que vous dites là.

Denoisel ne répondit rien. La conversation tomba. Renée reprit :

— Avez-vous quelquefois désiré la fortune, vous?

— Oui, plusieurs fois; mais absolument pour la traiter comme elle le mérite, pour lui manquer de respect...

— Comment cela ?

— Mon Dieu oui, j'aurais voulu être riche pour montrer tout le mépris que je fais de l'argent... Et je me rappelle que deux ou trois fois je me suis endormi avec l'idée d'aller me marier en Italie...

— En Italie ?

— Oui, c'est encore là où il y a le plus de princesses russes. Et comme il n'y a plus en ce monde que les princesses russes d'assez riches pour épouser un homme qui n'a pas le sou... D'ailleurs, j'étais prêt à me contenter d'une princesse un peu gênée... Je n'avais pas d'exigences... Je me serais parfaitement rabattu à 800,000 livres de rentes... C'était mon plus bas mot, par exemple...

— Merci ! — fit Renée en riant. — Et qu'est-ce que vous auriez fait de tout cet argent-là ?

— Un ruissellement entre mes doigts, simplement... quelque chose d'étourdissant, et que je n'ai jamais vu faire à l'argent des gens riches... Je trouve tous les millionnaires des millionnaires honteux... Voyons ! entre la vie d'un homme qui a cent mille livres de rentes et celle d'un homme qui en a dix, est-ce que vous trouvez la différence de leur fortune? Moi, vous auriez vu ! Pendant un an, j'aurais jeté mon million à des caprices, à des fantaisies, à des folies... J'aurais ébloui et écrasé Paris... J'aurais tourné comme un soleil qui crache des billets de banque... J'aurais avili mon or par toutes les prodigalités... et au bout d'un an, jour pour jour, j'aurais quitté ma femme...

— Bah !

— Certainement... pour me prouver à moi-même que je n'aimais pas l'argent. Si je ne l'avais pas quittée, je me serais cru déshonoré.

— Eh bien! en voilà des idées!... Moi, je vous avoue, je n'en suis pas encore à votre philosophie... Une grande fortune, tout ce que ça donne, les jouissances, le luxe, des chevaux, des voitures... et puis le plaisir d'enfoncer des gens qu'on n'aime pas, de les embêter... Je trouverais très-agréable d'être riche...

— Je vous disais bien tout à l'heure, Renée, que vous étiez une femme... rien qu'une femme...

XXX

Denoisel disait ce qu'il pensait. S'il avait quelquefois désiré la fortune, il ne l'avait jamais enviée. Il avait pour l'argent un mépris sincère et foncier, le mépris d'un homme qui est riche avec peu.

Denoisel était un Parisien, ou plutôt c'était le Parisien. Rompu à toutes les expériences de Paris, merveilleusement formé au grand art de vivre par la pratique de la vie parisienne, il était l'homme de cette vie : il en avait les instincts, les sens, le génie. Il représentait parfaitement ce personnage tout moderne, le civilisé, triomphant au jour le jour, ainsi que dans une forêt de Bondy, du prix des choses, de la cherté des capitales, comme le sauvage triomphe de la nature dans une forêt vierge. On le voyait avoir la superficie et le rayonnement de la richesse. Il vivait dans le monde des gens riches, fréquentait leurs restaurants, leurs cercles, partageait leurs habitudes, touchait à leurs plaisirs. Il était comme mêlé par ses relations aux plus grandes fortunes. Ce qu'ouvre l'argent lui était ouvert. On l'apercevait aux grands bals intimes des Provençaux, aux courses, aux premières représentations. L'été, il allait aux eaux, aux bains de mer, aux villes de jeu. Il était mis comme un homme qui a un cheval.

A peine cependant si Denoisel possédait cent vingt mille francs. Sorti d'une famille enfoncée dans les idées de propriété du passé, attachée et comme clouée au bien foncier, à la terre, toujours parlant de banqueroute et défiante de la rente comme un paysan d'autrefois l'était d'un billet de banque, — Denoisel avait secoué les préjugés des siens. Sans se soucier des conseils, des remontrances, des indignations, des menaces de vieux et lointains parents, il avait vendu les petites fermes que lui avaient laissées son père et sa mère. Pour lui, il n'y avait plus de proportion entre le revenu de la terre et les dépenses de la vie. A ses yeux, la propriété foncière pouvait être encore un mode de fortune, à l'époque où les romans de Paul de Kock disaient d'un jeune homme : « Paul était riche : il avait six mille livres de rente... » Mais, depuis ce temps, elle était devenue, selon lui, un anachronisme, un genre de propriété archaïque dont la fantaisie n'était plus permise qu'aux gens très-riches. Il réalisa donc et se fit de ses terres un petit capital qu'il plaça, conseillé par un boursier de ses amis, en rentes étrangères, en actions, en valeurs doublant ou triplant son revenu, sans compromettre « son pain sur la planche. » Ayant ainsi fait de son capital un chiffre sans signification, sauf aux yeux d'un notaire, et qui ne réglait plus son avoir courant, Denoisel arrangea sa vie comme il avait arrangé sa fortune. Il plaça ses dépenses. Il savait admirablement ce que coûtent à Paris la vanité, les hors-d'œuvre, et le bon marché, — tout ce qui ruine. Il n'avait pas honte de refaire une addition avant de la payer. Hors de chez lui, il ne fumait que des cigares à huit sous; mais, chez lui, il fumait la pipe. Il avait le flair des bons endroits, des maisons qui ouvrent et qui donnent bon pendant les trois premiers mois. Il connaissait les caves des restaurants; il demandait du Chambertin à telle hauteur du boulevard, et n'en demandait que là. S'il donnait un dîner, son menu inspirait du respect au garçon. Et il était par là-dessus capable de souper pour cent sous au café Anglais.

C'était en tout, chez lui, la même entente de la dépense : il était habillé par un des premiers tailleurs de Paris; mais un ami qu'il avait au ministère des affaires étrangères lui faisait venir de Londres par la chancellerie tous ses costumes de demi-saison. Avait-il un cadeau, des étrennes à donner? Il savait un arrivage d'objets de l'Inde ou de la Chine; ou bien dans un quartier perdu, dans un fond de magasin, il se rappelait une vieillerie oubliée, un Saxe, un Sèvres, une de ces curiosités quelconques sur lesquelles la personne qui les reçoit ne peut mettre de prix, et dont elle rêve la facture.

Tout cela, chez Denoisel, était spontané, naturel, instinctif. Cette victoire continue d'une intelligence parisienne sur le surfait de la vie échappait aux vilenies et aux mesquineries du calcul. C'était un ensemble de conditions d'existence heureusement trouvées, et non une suite d'économies bourgeoises. Et dans l'emploi si bien ordonné de ses douze mille livres de rentes, l'homme demeurait large et noble : il parait une dépense, il ne la marchandait pas.

Denoisel habitait un entre-sol d'une maison propre, à tapis dans l'escalier. Il n'avait là que trois pièces, mais le boulevard des Italiens était à sa porte. Et son petit salon, dont il avait fait un fumoir, était charmant. C'était une de ces bonbonnières comme en savent faire les tapissiers de Paris, toutes capitonnées, toutes riantes de perse, avec des divans larges comme des lits. Denoisel avait voulu que l'absence de tout objet d'art complétât la gaieté de la pièce. Il était servi par son portier qui, le matin, lui montait une tasse de chocolat et faisait son ménage. Le soir, il dînait à un cercle, à une taverne, en ville.

Ce loyer peu cher, cette simplification du service, du ménage, laissaient à Denoisel beaucoup de cet argent qui manque souvent aux gens les plus riches, de cet argent de luxe, plus nécessaire à Paris que l'autre : l'argent de poche. Cependant quelquefois, cette force majeure, l'Imprévu, tombant tout à coup au milieu de cette vie, en dérangeait l'équilibre et le budget. Alors Denoisel disparaissait de Paris pour quelque temps : il allait se mettre au vert dans une auberge, à la campagne, à trois francs par jour, auprès d'une rivière, et ne dépensait que son tabac. Deux ou trois hivers, se trouvant tout à fait désargenté, il avait émigré, et rencontrant une ville comme Florence, où le bonheur ne coûte rien, et où la vie est presque aussi bon marché que le bonheur, il s'y était arrêté six mois, logé dans une chambre à coupole, mangeant à la *trattoria* des truffes au parmesan, passant ses soirées dans les loges de la société, allant aux bals du grand-duc, fêté, couru, fleuri de camélias blancs, et faisant les plus heureuses économies du monde.

Denoisel ne dépensait guère plus pour l'amour que pour le reste : comme il en avait retranché l'amour-propre, il ne le payait que son prix. Ç'avait été pourtant son seul entraînement en entrant dans la vie, mais un entraînement raisonné et à froid. Il avait voulu tâter en grand seigneur de la passion de la femme la plus chère de Paris. Il s'était donné pour cela soixante mille francs sur les cent quatre-vingts mille qu'il avait alors, et il avait vécu six mois avec la Génicot sur le pied d'un homme qui a cent vingt mille livres de rente, vivant avec une femme qui donne cent francs de pourboire aux postillons en revenant de la Marche. Les six mois révolus, il quittait cette femme amoureuse pour la première fois de sa vie d'un homme qui l'avait payée.

Trempé par cette épreuve, il s'était laissé aller aux liaisons passagères. Puis, au milieu de la monotonie des amours vénales, il lui était survenu bientôt, non un vif désir d'aventures, mais une grande curiosité de la femme. Il s'était mis en chasse de l'imprévu, de l'inattendu, de l'inconnu féminin. Les comédiennes lui semblaient toutes à peu près la même courtisane, les courtisanes à peu près toutes la même comédienne. Ce qui l'attirait, c'était la femme non classée, la femme qui déroute l'observateur et le plus vieux Parisien. Il allait souvent, la nuit, battant le pavé, vaguement et irrésistiblement entraîné par une de ces créatures qui ne sont ni le vice ni la vertu, et qui marchent si joliment dans la boue. Parfois, il était ébloui par une de ces admirables filles de Paris qui font le jour où elles passent, et il s'oubliait à la regarder encore, après qu'elle s'était comme éteinte, tout à coup, dans la nuit d'une allée. Sa vocation était de découvrir des étoiles crottées. De temps en temps, il ramassait au bas d'un faubourg une de ces merveilles de peuple et de nature, la faisait parler, la regardait, l'écoutait, l'étudiait; puis, quand il en était las, il la lançait dans la circulation, et s'amusait à la saluer, quand il la retrouvait en calèche.

L'air de fortune de Denoisel l'avait fait accueillir dans le monde. Il s'y établit bien vite et sur un pied supérieur, par la gaieté qu'il répandait, par l'esprit qu'il semait, par les services de toute sorte qu'il rendait, par tous les besoins que le monde eut bientôt de lui. Ses relations, étendues aux étrangers, aux artistes, aux gens de théâtre, sa connaissance des tenants et des aboutissants pour les petites grâces, faisaient de lui un homme précieux en mille occasions. Avait-on besoin d'une loge de spectacle, d'une permission pour visiter une prison ou une galerie de tableaux, d'une place à la cour d'assises pour une dame, ou d'une décoration étrangère pour un monsieur? C'était à lui qu'on s'adressait. Dans deux ou trois duels où il avait servi de témoin, il avait montré de la solidité, de la décision, un mâle souci de l'honneur aussi bien que de la vie dont il répondait. Aux obligations qu'on lui avait s'était joint un respect auquel ne nuisait pas sa réputation de première force à l'épée. Son caractère avait fait l'estime autour de lui, et il en était arrivé à être considéré, même par les gens riches dont pourtant les millions n'avaient pas toujours ses respects.

XXXI

— Tenez! ma femme a voulu avoir son portrait par M. Ingres... Vous l'avez vu... Elle n'est pas ressemblante.... mais c'est de M. Ingres... Eh! bien, savez-vous ce qu'il m'a demandé? Dix mille francs! Je les lui ai donnés, mais je trouve ça une exploitation ; c'est toujours la guerre au capital... Comment, parce qu'un homme est connu, il me fait payer ce qu'il veut ! Parce que c'est un artiste, il n'y a plus de prix, plus de tarif ! il a le droit de me rançonner !... Mais alors, il pourrait me prendre un million. C'est comme les médecins qui vous prennent selon votre fortune... D'abord, est-ce qu'on sait ce que j'ai ? Et puis, c'est une iniquité... Oui, dix mille francs : qu'est-ce que vous en dites ? — Et M. Bourjot, qui causait debout devant la cheminée avec Denoisel, changea de pied pour se chauffer.

— Ma foi ! — dit Denoisel du plus grand sérieux, — vous avez bien raison... tous ces gens-là abusent de leur réputation... Voyez-vous, il n'y aurait qu'un moyen d'empêcher cela : ce serait de décréter un *maximum* légal du talent, un *maximum* des chefs-d'œuvre. Mon Dieu, c'est très-facile.

— Voilà ! — fit M. Bourjot, — c'est cela... Et ce serait très-juste... car enfin...

Les Bourjot avaient dîné ce soir-là en petit comité chez les Mauperin. Les deux familles causaient du mariage, dont on n'attendait plus, pour fixer le jour, que l'expiration du délai d'un an, à partir de la première insertion du nom de Villacourt au *Moniteur* : M. Bourjot avait exigé ce délai. Les femmes parlaient de la corbeille, des châles, des bijoux, du trousseau. Madame Mauperin, assise auprès de madame Bourjot, était en contemplation devant elle comme devant une personne qui a fait un miracle. La figure de M. Mauperin était tout éclairée de joie.

M. Mauperin avait fini par céder à l'éblouissement que fait l'argent. Ce grand honnête homme, pur, sévère, rigide, incorruptible, avait laissé peu à peu cette grande fortune des Bourjot entrer dans sa pensée, revenir dans ses rêves, parler et toucher à ses instincts d'homme pratique, de vieillard, de père de famille, d'industriel. Il était séduit et désarmé. Il lui était venu pour son fils, depuis le succès de ce mariage, l'estime qu'on a pour une capacité qui s'affirme ou une fortune qui se révèle, et sans se rendre bien compte de son changement, il ne lui en voulait plus guère maintenant d'avoir changé de nom. Les pères sont des hommes.

Ennuyée, rêveuse, triste, depuis quelque temps, Renée était presque gaie ce soir-là. Elle s'amusait à souffler dans les marabouts dont était coiffée Noémi, qui, paresseuse et absorbée, les yeux voilés, répondait avec des monosyllabes au babillage intarissable de madame Davarande.

— Aujourd'hui, tout est contre l'argent, — reprit sentencieusement M. Bourjot. — Il y a une ligue... Tenez, à Sannois, je leur ai fait une route... Eh bien ! vous croyez qu'ils nous saluent ? Jamais de la vie... En 48, nous avons donné des boisseaux de blé... Savez-vous ce qu'ils ont dit ? « Ce cochon-là...» —pardon, mesdames...— « faut-il qu'il ait peur !...» Voilà comme ils m'ont remercié !... Je fonde une ferme-modèle, je demande un directeur au gouvernement : on m'envoie un *rouge*, un gredin qui passait sa vie à déblatérer contre les riches... Encore maintenant j'ai affaire à un conseil municipal d'un esprit détestable... Je les fais travailler, n'est-ce pas? nous sommes la richesse du pays... Eh bien! s'il arrivait une révolution, je suis persuadé qu'ils mettraient le feu au château... Oh! ils ne se gêneraient pas... Vous ne savez pas ce que ça vous fait d'ennemis de payer neuf mille francs d'impôt dans un pays! Ils nous brûleraient, ça ne ferait pas un pli... En Février, vous avez vu... Oh! le peuple! je suis joliment revenu sur son compte... et il nous ménage un joli avenir, allez! Nous serons mangés par les gens sans le sou, je vous le prédis, moi... Vous verrez... Ce sont des idées que j'ai souvent... Encore si on n'avait pas d'enfants!... car la fortune, pour moi...

— Qu'est-ce que vous dites donc, voisin? — fit M. Mauperin en s'approchant.

— Je dis que j'ai peur que nos enfants n'aient pas de pain un jour, monsieur Mauperin... Voilà ce que je dis...

— Vous allez les empêcher d'entrer en ménage! — dit M. Mauperin.

— Oh! si monsieur Bourjot se met dans ses idées noires... s'il commence à parler de la fin du monde... — dit madame Bourjot.

— Je vous félicite, madame, de n'avoir pas mes préoccupations, — fit M. Bourjot en s'inclinant du côté de madame Bourjot, — mais je vous assure que, sans être une tête faible, on peut fort bien s'inquiéter...

— Certainement, certainement, — fit Denoisel. —

Je crois, comme monsieur, l'argent menacé, très-menacé, énormément menacé... d'abord par l'envie, qui fait à peu près toutes les révolutions... et ensuite par le progrès, qui les baptise...

— Mais, monsieur, ce sera une infamie, ce progrès-là ! Car enfin, moi, je ne suis pas suspect... J'ai été libéral... je le suis encore... Je suis un soldat de la liberté... Je suis républicain de naissance... Je suis pour tous les progrès, moi !... Mais une révolution contre l'argent, ce sera de la barbarie ! Nous retournerons à la sauvagerie ! Il faut de la justice... et du bon sens. Enfin, supposez-vous une société sans propriété ?

— Pas plus qu'un mât de cocagne sans timbale d'argent.

— Comment ! — dit M. Bourjot, sans entendre Denoisel et en s'animant, — ce que j'ai gagné durement, laborieusement, honnêtement... ce qui est à moi, ce que j'ai acquis... l'héritage de mes enfants... mais c'est tout ce qu'il y a de plus sacré ! Je regarde déjà l'impôt comme une atteinte à la propriété, moi.

— Mon Dieu, — dit Denoisel avec un ton parfait de bonhomie, — je suis bien de votre avis, et je serais désolé, — ajouta-t-il malignement, — de vous faire voir plus en noir que vous ne voyez... Mais on a fait une révolution contre la noblesse... on en fera une contre la richesse... On a guillotiné les grands noms, on supprimera les grandes fortunes. On était coupable d'être monsieur de Montmorency, on sera criminel d'être monsieur Cinquante-Mille-Livres-de-Rentes... Évidemment, c'est la marche des choses... Je vous en parle d'autant mieux que je suis on ne peut plus désintéressé dans la question. Je n'aurais pas eu de quoi être guillotiné dans ce temps-là, je n'ai pas de quoi être ruiné dans ce temps-ci... Ainsi...

— Permettez, monsieur, — dit solennellement M. Bourjot, — vous faites une assimilation... Nul plus que moi ne déplore des excès... 93 est un grand crime, monsieur... on a été indigne pour la noblesse... et tous les honnêtes gens doivent n'avoir là-dessus qu'une opinion...

Monsieur Mauperin sourit, se rappelant le Bourjot de 1822.

— Mais enfin, — reprit M. Bourjot, — la situation n'est pas du tout la même... La société est renouvelée... On a restauré ses bases... Tout est changé... Il y avait contre la noblesse des raisons, des prétextes, si vous voulez... On a fait la Révolution de 89 contre des priviléges... que je ne veux pas juger... mais qui existaient... C'est bien différent... On voulait l'égalité, enfin. C'était plus ou moins légitime... mais au moins ça avait un sens... Au lieu que maintenant, je vous demande un peu où sont les priviléges? Un homme en vaut un autre... Est-ce qu'il n'y a pas le suffrage universel?... Vous me dites : L'argent? Mais tout le monde peut en gagner... toutes les industries sont libres...

— Sauf celles qui ne le sont pas...

— Enfin tout le monde peut arriver à tout... Il ne faut que de l'intelligence et du travail...

— Et des circonstances, — dit Denoisel.

— On les crée, monsieur, les circonstances! Mais regardez la société : nous sommes tous des parvenus... Mon père était marchand de draps... en gros, c'est vrai... Et vous voyez... Voilà l'égalité, monsieur, la vraie, la bonne... Il n'y a plus de caste... La bourgeoisie monte du peuple, le peuple monte à la bourgeoisie... J'aurais trouvé un comte pour ma fille, si j'avais voulu... Mais ce sont tout bonnement les mauvais instincts... les mauvaises passions, les idées de communisme : voilà ce qu'il y a contre la fortune... On fait des déclamations sur la misère... Eh bien! je le dis, moi, jamais on n'a fait autant que maintenant pour le peuple... Il y a un progrès de bien-être en France!... Des gens qui ne mangeaient jamais de viande en mangent deux fois par semaine... Ce sont des faits, cela, et je suis sûr que là-dessus, notre jeune économiste, M. Henri, nous dirait...

— Oui, oui, — dit Henri, — cela est prouvé. En vingt-cinq ans, l'augmentation du bétail a été de douze pour cent. En partageant la population de la France en 12 millions de citadins et 24 à 25 millions de campagnards, on trouve que les premiers consomment par an et par tête environ 65 kilogrammes, et les seconds 20 kilogrammes 26 centigrammes. Je garantis les chiffres... Ce qu'il y a de sûr, c'est que les évaluations les plus consciencieuses portent à dix années en France, depuis 1789, l'augmentation de la vie moyenne, dont le progrès est le signe le plus sûr de prospérité pour un peuple... La statistique...

— Ah! la statistique, c'est la première des sciences inexactes! — interrompit Denoisel que cela amusait de bouleverser avec des paradoxes les idées de M. Bourjot. — Mais j'admets tout; j'admets qu'on ait allongé la vie du peuple, et qu'il mange plus de viande qu'il n'en a jamais mangé; croyez-vous pour cela à l'immortalité de la constitution sociale actuelle? On a fait une révolution qui a amené le règne de la bourgeoisie, c'est-à-dire le règne de l'argent; vous dites : c'est fini, il n'en faut plus d'autre, il n'y a plus de révolution légitime maintenant... C'est très-naturel; mais, entre nous, je ne sais pas jusqu'à quel point la bourgeoisie est le dernier mot des sociétés.. Pour vous, l'égalité politique une fois donnée à tous, l'égalité sociale est accomplie : c'est peut-être très-juste, mais il s'agit de le persuader à des gens qui ont intérêt à ne pas le croire... Un homme en vaut un autre? assurément, aux yeux de Dieu... et tout le monde, au dix-neuvième siècle, a le droit de porter un habit noir : il faut seulement qu'il ait de quoi le payer... L'égalité moderne, voulez-vous que je vous la résume d'un mot? C'est l'égalité devant la conscription : tout le monde tire, mais trois mille francs vous donnent le droit de faire tuer quelqu'un à votre place... Vous parlez de priviléges : il n'y en a plus, cela est vrai... Mais la Bastille aussi est détruite... seulement elle a fait des petits... Tenez! prenons la justice : et c'est là encore, je le reconnais hautement, où la position de l'homme, son nom, son argent, sont le moins comptés et ne pèsent pas... Eh bien! commettez un crime, et soyez, par exemple, pair de France : on vous évitera l'échafaud, on vous permettra le poison... Notez bien que je trouve qu'on a eu raison... Mais c'est pour vous dire comme les inégalités repoussent... Et, ma foi ! à voir le terrain qu'elles couvrent, je cherche où étaient les autres... L'hérédité, n'est-ce pas? voilà quelque chose que la Révolution croyait bien avoir enterré, un abus de l'ancien régime contre lequel on a assez crié... Eh bien! je vous demande un peu si maintenant le fils d'un homme politique n'hérite pas de son nom et de tous les bénéfices de son nom, de ses électeurs, de ses relations, de sa place partout, de son fauteuil à l'Académie? Nous sommes inondés de fils, enfin! On ne voit que cela : ils bouchent toutes les carrières; ce sont des survivances qui barrent tout... C'est que les mœurs, voyez-vous, défont terriblement les lois... Vous êtes l'argent, et vous dites : L'argent est sacré... Pourquoi? Vous dites : Nous ne sommes pas une caste... Non, mais vous êtes déjà une aristocratie... une aristocratie toute neuve dont les insolences ont déjà dépassé les impertinences des plus vieilles aristocraties du globe... Il n'y a pas une cour, à l'heure qu'il est, il n'y en a pas eu une, je crois, dans l'histoire, où l'on essuie plus de mépris que dans le cabinet de tel gros banquier qui n'a jamais reconduit jusqu'à sa porte que deux personnes dans sa vie!... Vous parlez de mauvais instincts, de mauvaises passions... Ah! que voulez-vous : la domination de la bourgeoisie n'élève pas les âmes... Quand le haut de la société digère et place, il n'y a plus d'idées, il y a des appétits en bas... Autrefois, lorsqu'à côté de l'argent il y avait quelque chose au-dessus et à côté, on pouvait bien, par un jour de révolution, ne pas demander tout crûment de l'argent, de la grosse monnaie de bonheur toute brute, on pouvait se contenter de couleurs changées sur un drapeau, de mots écrits sur un corps de garde, d'une victoire généreuse et creuse... Mais aujourd'hui!... aujourd'hui, on sait où est le cœur de Paris : on prendra la Bourse au lieu de prendre l'Hôtel de ville!... Ah! la bourgeoisie a eu un grand tort...

— Lequel? — demanda M. Bourjot tout abasourdi de la tirade de Denoisel.

— Celui de ne pas laisser le paradis dans le ciel : c'était sa place... Le jour où les pauvres ne se sont plus dit que l'autre vie les payerait de celle-ci, le jour où le peuple n'a plus compté sur le bonheur de l'autre monde... Voltaire a beaucoup nui aux propriétaires, voyez-vous...

— Ah! que vous avez raison! — fit avec élan M. Bourjot. — C'est évident!... Il faudrait que toutes ces canailles-là allassent à la messe...

XXXII

Il y avait une grande fête chez les Bourjot, qui avaient voulu annoncer au monde, par un bal, le prochain mariage de leur fille avec M. Mauperin de Villacourt.

— T'en donnes-tu aujourd'hui! Comme tu danses! — disait Renée à Noémi en lui fouettant le visage du vent de son mouchoir, dans un coin du grand salon.

— Je n'ai jamais tant dansé, c'est vrai! Et Noémi, lui prenant le bras, l'entraîna dans un petit salon.

— Non, jamais, — dit-elle. Et attirant Renée à elle, elle l'embrassa. — Oh! que c'est bon, d'être heureuse! — Et l'embrassant encore avec une fièvre de joie, elle lui dit tout bas : — *Elle* ne l'aime plus! Oh! je suis bien sûre qu'elle ne l'aime plus!... Vois-tu, autrefois quand il était là, elle l'aimait avec la façon dont elle se levait quand il entrait... elle l'aimait avec ses yeux, avec sa voix, avec son souffle, avec le bruit de sa robe! avec tout! Quand il n'y était pas, je sentais, je ne sais pas comment, sa pensée et son silence qui l'aimaient!... Une bête comme moi... n'est-ce pas? ça t'étonne que j'aie vu tout cela... mais c'est qu'il y a des choses que je comprends avec ça, moi...
— Et elle mit la main de Renée sur sa robe de moire blanche, à la place de son cœur : — Et ça ne trompe pas!

— Et tu l'aimes, toi, maintenant? — fit Renée.

Noémi lui ferma la bouche en lui appuyant doucement les roses de son bouquet sur les lèvres.

— Mademoiselle, vous m'avez promis la première redowa...

Et un jeune homme emmena Noémi, qui, se retournant, en passant la porte, envoya du bout des doigts un baiser à Renée.

L'aveu de Noémi avait fait passer dans Renée un éclair de joie. Le sourire de son amour la pénétra. Elle eut un immense soulagement de délivrance. En un instant tout changea pour elle; et cette seule idée : elle l'aime! emporta toutes ses autres idées. Elle ne vit plus les hontes, elle ne vit plus le crime qu'elle avait vu si longtemps dans ce mariage. Elle se répétait que Noémi l'aimait, qu'ils s'aimaient tous les deux... Le reste était le passé, un passé qu'ils oublieraient l'un et l'autre, Noémi à force de le pardonner, Henri à force de le racheter. Soudain un souvenir lui revint, une pensée d'inquiétude, une crainte vague. Mais en ce moment elle ne voulait rien voir de noir à l'horizon, rien de menaçant sur l'avenir. Chassant cela, elle revint bien vite à Noémi, à son frère. Elle songeait au jour du mariage, à leur ménage; elle se rappelait des voix d'enfants auxquels elle avait entendu dire à une tante : *Tata!*

— Mademoiselle veut-elle me faire l'honneur de danser n'importe quoi avec moi?

C'était Denoisel qui s'inclinait devant elle.

— Est-ce que nous dansons ensemble, nous autres?

Nous nous connaissons trop. Asseyez-vous là... et ne me chiffonnez pas... Eh bien ! qu'est-ce que vous avez à me regarder ?

Renée avait une robe de tulle blanc garnie de sept petits volants et toute parsemée çà et là de feuilles de lierre et de petites baies rouges, qui se répétaient sur son corsage à la vierge et sur les bouillons de tulle de ses manches. Un long feuillage de lierre, fleuri des mêmes petites graines rouges, s'enroulait autour de sa natte, et venait mourir sur ses épaules en deux vertes traînées. Elle se tenait la tête un peu renversée sur le canapé. Ses beaux cheveux châtains ramenés en avant baignaient le haut de son front lumineux. Un éclair sourd et tendre, un feu doux et profond s'échappait de ses yeux bruns voilés et noyés, de son regard qu'on ne voyait pas. La lumière jouait sur ses joues. L'ombre chatouillait sa bouche aux deux coins; et ses lèvres, rapprochées d'ordinaire dans une petite moue hautaine, laissaient à demi voir, desserrées et entr'ouvertes, le sourire de son âme. Un reflet éclairait son menton; à son cou, un collier d'ombre semblait jouer à chaque mouvement de sa tête. Elle était charmante ainsi, les traits perdus dans la clarté qui tombe des lustres, le dessin du visage effacé dans un bonheur d'enfant comme dans du soleil.

— Vous êtes très-jolie, ce soir, Renée.

— Ah ! ce soir?

— Ma foi ! je vous dirai franchement que tous ces temps-ci vous aviez une mine si ennuyée, si triste... Le plaisir vous va beaucoup mieux...

— Vous trouvez? Valsez-vous?

— Comme si j'avais appris : très-mal... Mais vous venez de me refuser à l'instant.

— Moi, par exemple! j'ai horriblement envie de danser... Après ça, nous avons le temps... Ah! ne regardez pas votre montre... Je ne veux pas savoir l'heure!.. Ah! vous me trouvez gaie? Eh bien! non, je ne suis pas gaie... Je suis heureuse... je suis très-heureuse, là!... Dites donc, Denoisel... en flânant dans Paris... Vous savez, ces vieilles femmes qui ont un bonnet lorrain... qui vendent des allumettes sous les portes cochères... Les cinq premières que vous trouverez, vous leur donnerez un louis à chacune... Je vous rendrai ça... j'ai des économies... n'oubliez pas... C'est toujours la valse? Comment, vrai, je vous ai refusé de danser? Eh bien! après celle-ci, je danse tout... et je ne regarde pas aux danseurs!... Ils seront vilains comme tout, ils auront des bottes ressemelées, ils me parleront de Royer-Collard, ils seront trop petits ou trop grands, ils m'iront au coude ou je leur irai à la hanche, ils seront réputés pour avoir l'oreille fausse ou pour suer des mains... je prends tout! Voilà mon caractère ce soir! et on dira que je n'ai pas de charité!

Une tête d'homme passa par la porte du petit salon.

— Davarande, faites-moi valser! — dit Renée, et, en passant auprès de Denoisel, elle lui jeta à l'oreille :

— Vous voyez, je commence par la famille.

XXXIII

— Qu'est-ce qu'a donc votre maman, ce soir? — demandait Denoisel à Renée. Ils étaient seuls. Madame Mauperin venait de monter se coucher. M. Mauperin faisait un tour d'inspection dans ses ateliers, où l'on travaillait cette nuit-là. — Elle m'a semblé d'une humeur...

— D'une humeur de dogue, lâchons le mot.

— Qu'est-ce qu'elle a?

— Ah! voilà... — et Renée se mit à rire. — C'est que je viens de rater un mariage, telle que vous me voyez.

— Encore? mais c'est une spécialité!

— Oh! ce n'est que le quatorzième... Je suis encore dans la moyenne... Et c'est vous qui me l'avez fait rater...

— Moi? par exemple!... Comment ça?

Renée se leva, enfonça ses mains dans ses poches, et se mit à marcher d'un bout du salon à l'autre. De temps en temps, elle s'arrêtait court et pirouettait sur un talon en faisant une espèce de sifflement.

— Oui, vous! — fit-elle en revenant à Denoisel. Si je vous disais que j'ai refusé deux millions?

— Ils ont dû être bien étonnés.

— Vous dire, par exemple, que je n'ai pas été

tentée... Il ne faut pas se faire plus forte qu'on est... avec vous, je ne pose pas... Eh bien! si, un moment j'ai été bien près d'être pincée... C'était M. Barousse qui avait arrangé ça... très-gentiment... Ici, vous comprenez, on me travaillait... Maman et Henri me donnaient des assauts. J'étais sciée toute la journée... Et puis, à part moi, je rêvais aussi un peu... Enfin, ce qu'il y a de sûr, c'est que j'ai été deux nuits à dormir très-mal... C'est plein d'insomnie, les millions! Il faut dire aussi, pour être juste, que je pensais beaucoup à papa dans tout cela... Aurait-il été fier! hein? Aurait-il joui de mes cent mille livres de rentes!... C'est qu'il a une vanité pour moi... Vous rappelez-vous sa fameuse colère : « Un gendre qui laisserait monter ma fille en omnibus!... » Il était superbe!... Là-dessus, vous me revenez, oui, vous... vos idées, vos paradoxes, vos théories, toutes sortes de paroles que vous m'avez dites... Je pense à votre mépris de l'argent... en y pensant, ça me gagne... Et, crac! un beau matin, je dételle... Vous déteignez trop sur moi, mon cher, décidément...

— Mais moi... moi, je suis un imbécile... Ah! je suis désolé... Je croyais bien que ça ne se gagnait pas, par exemple... Voyons vraiment, c'est moi?...

— Oui, vous, beaucoup... et aussi un peu *lui*...

— Ah!

— Oui, un peu aussi M. Lemeunier... Quand je sentais la fortune me monter un peu trop à la tête, quand j'avais trop envie de devenir madame Lemeunier... je le regardais... Et vous ne saviez pas me dire si vrai l'autre jour... Je me sentais femme, femme... vous n'avez pas d'idée! A côté de cela, je le voyais si bon... Ah! par exemple, en voilà une bonté... J'avais beau le tourner, le retourner, parce que ça me taquinait, à la fin, sa perfection... Eh bien! rien! On le sentait bon de tous les côtés, cet homme-là! Oh! c'était, sous ce rapport-là, un autre monsieur que Reverchon et les autres! Figurez-vous qu'il me disait : Mademoiselle, je sais bien que je ne vous plais pas; mais laissez-moi attendre du temps que je vous déplaise un peu moins... Il en était attendrissant... Il y avait des jours où j'étais au moment de lui dire : — Si nous pleurions un peu ensemble, hein?... — Heureusement que quand il me donnait comme ça envie de pleurer, papa, de l'autre côté, me donnait des envies de rire... Il avait une si drôle de figure, ce bon père, moitié gaie, moitié triste... Je n'ai jamais vu un bonheur si résigné... La tristesse de me perdre et la joie de me voir faire un beau mariage... cela faisait chez lui un méli-mélo! Enfin, c'est fini tout ça maintenant, Dieu merci! Il me fait les gros yeux, avez-vous vu? papa, quand maman nous regarde... Mais ce n'est pas ses vrais gros yeux... Il est bien content au fond... moi, je le vois...

XXXIV

Denoisel était chez Henri Mauperin. Tous deux causaient au coin du feu, en fumant. Ils entendirent du bruit, un débat dans l'antichambre; et presque aussitôt, la porte violemment ouverte, un homme entra brusquement en repoussant le domestique qui voulait lui barrer le passage.

— M. Mauperin de Villacourt? — fit-il.

— C'est moi, monsieur.

Et Henri se leva.

— Eh bien! je m'appelle, moi, Boisjorand de Villacourt...

Et le revers d'une large main couvrit de sang la figure d'Henri Mauperin. Sous le coup, et tout saignant, Henri devint blanc comme le foulard blanc qui lui servait de cravate. Il se courba pour s'élancer; puis, soudain, il se redressa, étendit vivement la main vers Denoisel qui se précipitait, croisa froidement les bras, et dit de sa voix la plus calme :

— Je crois vous comprendre, monsieur... Vous trouvez qu'il y a un Villacourt de trop... moi aussi.

L'homme, devant ce sang-froid d'homme du monde, se troubla, ôta son chapeau qu'il avait gardé sur sa tête en entrant, essaya de balbutier une phrase.

— Veuillez, monsieur, — lui dit Henri en l'interrompant, — donner votre adresse à mon domestique. J'enverrai chez vous demain.

— Une ennuyeuse affaire! — dit Henri quand il fut seul avec Denoisel. — Mais d'où sort-il donc, ce Villacourt-là? On m'avait dit qu'il n'y en avait plus... Tiens! je saigne, — fit-il en s'essuyant la figure. — Quel buffle!... Georges! — cria-t-il à son domestique, — de l'eau!...

— Tu prends l'épée, n'est-ce pas? — fit Denoisel. — Donne-moi une canne... Écoute... Tu te mets en garde de loin, engageant très-peu de fer... C'est un sanguin, cet homme, il te court dessus... tu romps avec des parades circulaires. Et quand tu te trouves serré, quand il se jette à corps perdu sur toi, tu fais un échappement sur ta droite du pied gauche, en tournant sur la pointe du pied droit... comme ça... Il n'a plus rien devant lui, tu le prends en flanc, et tu l'enfiles comme une grenouille.

— Non, — dit Henri en levant la tête de la cuvette où il s'épongeait, — non.., pas l'épée.

— Mais, mon cher, évidemment cet homme est chasseur; il doit avoir l'habitude des armes à feu...

— Mon cher, il y a des situations... J'ai pris un nom, c'est toujours ridicule... Voilà un homme qui m'accuse de l'avoir volé... J'ai des ennemis, j'en ai pas mal : on va faire du bruit avec cela... Il faut que je tue ce monsieur, c'est clair; c'est le seul moyen de nettoyer ma position... J'arrête tout, le procès, les histoires, les cancans, tout! Qu'est-ce que tu veux que je prenne l'épée pour ça? A l'épée on tue un homme qui a cinq ans de salle, qui sait tirer, qui vous offre sa poitrine là où vous êtes habitué à la rencontrer dans un assaut; mais un homme qui ne donne pas d'épée, qui saute, qui danse, qui fait du bâton... je le blesserai, et voilà tout... Et puis, le pistolet... je l'ai soigné... C'est une justice à me rendre, j'ai assez bien choisi mes talents d'agrément... Et j'ai l'idée de lui mettre là, — il toucha Denoisel un peu au-dessus de la hanche, — là, vois-tu? parce que plus haut, c'est mauvais : il y a le bras qui pare... au lieu qu'ici, vous attrapez un tas de petites machines de première nécessité... il y a surtout cette bonne vessie... si vous avez la chance d'y toucher, et qu'elle soit pleine... c'est la péritonite de Carrel, mon ami!... Et tu prendras le pistolet pour moi... un duel à marcher, entends-tu?... C'est que je voudrais le plus grand secret, qu'on ne sût rien avant... Qui vas-tu prendre avec toi?

— Mais si je prenais Dardouillet? Il a servi dans la garde nationale à cheval; je ferai appel à sa fibre militaire.

— C'est cela, très-bien. Entre donc avant chez ma mère, elle doit m'attendre. Tu lui diras que je ne pourrai y aller que jeudi... Elle n'aurait qu'à nous tomber sur le dos ces jours-ci... Moi, je ne sors pas... je vais me bassiner pour être un peu plus présentable... Ça ne marque plus trop, n'est-ce pas? Je me ferai monter à dîner, et je consacrerai ma soirée aux petites écritures de circonstance... Au fait, si tu vois les témoins de ce monsieur demain matin, pourquoi ne pas se battre dans l'après-midi, à quatre heures?... On aime autant en finir... Demain, toute la journée, tu me trouveras ici ou au tir. Arrange cela comme pour toi, et merci d'avance... A quatre heures, hein, si cela se pouvait?

XXXV

Le nom de la ferme qu'Henri Mauperin avait ajouté à son nom patronymique pour l'anoblir, se trouvait, par un hasard singulier, mais non sans exemple, être le nom d'une terre seigneuriale de Lorraine et d'une famille, illustre autrefois, si oubliée aujourd'hui que tout le monde la croyait éteinte.

L'homme qui venait de le souffleter était le dernier des Villacourt, tirant leur nom du fief et du château de Villacourt, sis à trois lieues de Saint-Mihiel et possédés par eux de temps immémorial.

En 1303, Ulrich de Villacourt fut un des trois seigneurs qui scellèrent de leur sceau le testament de Ferry, duc de Lorraine, par ordre de ce prince. Sous Charles le Hardi, Gantonnet de Villacourt, fait prisonnier en combattant contre les Messins, n'eut sa liberté qu'en donnant sa parole de ne plus monter à cheval ni porter d'armes de guerre ; dès lors, il monta sur une mule, s'habilla de buffle, et, armé d'une lourde barre de fer, il retourna se battre, plus hardi et plus terrible. A Maheu de Villacourt, qui épousa successivement Gygonne de Malain et Christine de Gliseneuve, entre lesquelles on le voyait, avant la Révolution, représenté en marbre dans l'église des Cordeliers de Saint-Mihiel, le duc René donnait le droit de prendre huit cents florins sur les aides de la ville de Ligny pour le dédommager de la rançon qu'il avait eu à payer après la désastreuse bataille de Bulgnéville.

Remacle de Villacourt, fils de Maheu, était tué en 1476 dans la bataille livrée par le duc René, devant Nancy, à Charles le Téméraire. Hubert de Villacourt, fils de Remacle, sénéchal du Barrois et bailli du Bassigny, suivait le duc Antoine, en qualité de grand guidon, dans la guerre d'Alsace, pendant que son frère Bonaventure, religieux de l'étroite observance de Saint-François, devenait trois fois provincial triennal de son ordre, confesseur des ducs de Lorraine, Antoine et François, et qu'une de ses sœurs, Salmone, était élue abbesse de Sainte-Glossinde de Metz.

Jean-Marie de Villacourt s'attachait au service de France. Après la journée de Landrecies, le Roi le faisait chevalier et lui donnait l'accolade. Il était ensuite fait capitaine de trois cents hommes de pied, pourvu des provisions d'écuyer de l'écurie du Roi, qui l'appelait à la capitainerie de Vaucouleurs, puis au gouvernement de Langres. Il avait épousé une sœur de Jean de Chaligny, maître fondeur de l'artillerie de Lorraine, qui fondit la fameuse couleuvrine de vingt-deux pieds. Son frère Philibert fut capitaine de reîtres sous Charles IX; son frère Gaston se rendit célèbre par ses duels : ce fut lui qui tua de deux grands coups d'épée, derrière les Chartreux, à Paris, devant quatre mille personnes, le capitaine Chambrulard. Jean-Marie eut encore un frère, Agnus, qui fut chanoine de Toul et archidiacre du Tonnerrois, et une sœur, Archange, qui fut abbesse de Saint-Maur, de Verdun.

Puis venait Guillaume de Villacourt, qui prenait parti contre Louis XIII. Obligé de se rendre à discrétion avec Charles de Lenoncourt, qui défendait la ville de Saint-Mihiel, il partageait sa captivité de quatre ans à la Bastille. Son fils, Charles Mathias de Villacourt, épousait en 1656 Marie-Dieudonnée, fille de Claude de Jeandelincourt, tailleur de la saline de Château-Salins. Il en eut quatorze enfants dont dix furent tués au service de Louis XIV : Charles, capitaine au régiment du Pont, tué au siége de Philisbourg ; Jean, tué à la bataille de Nerwinde ; Antoine, capitaine au régiment de Normandie, tué au siége de Fontarabie; Jacques, tué au siége de Bellegarde, où il se trouvait par permission du Roi ; Philippe, capitaine de grenadiers dans le régiment du Dauphin, tué à la bataille de Marsaille ; Thibaut, capitaine dans le même régiment, tué à la bataille d'Hochstett ; Pierre-François, commandant dans le régiment du Lyonnais, tué à la bataille de Fleurus; Claude-Marie, commandant dans le régiment de Périgord, tué au passage de la Hogue ; Edme, lieutenant dans la compagnie de son frère, tué à ses côtés dans la même affaire ; enfin Gérard, chevalier de l'ordre de Saint-Jean-de-Jérusalem, tué en 1700 dans un combat de quatre galères de la religion contre une *sultane*. Des trois filles de Charles-Mathias, l'une Lydie, était mariée au seigneur de Majastre, gouverneur d'Épinal; les deux autres, Berthe et Phœbé, mouraient sans avoir été mariées.

L'aîné des fils de Charles-Mathias, Louis-Aimé de Villacourt, qui avait servi dix-huit ans et s'était retiré du service après la bataille de Malplaquet, mourut en 1720. Son fils quittait Villacourt, s'établissait à Paris, se jetait dans le système et perdait les restes d'une fortune très-entamée déjà par la perte d'un procès de son père contre les d'Haraucourt. Il essayait de se refaire au jeu, s'endettait, et revenait à Villacourt, marié à une dame de Carrouge, qui avait tenu un tripot à Paris. Il mourait en 1752, ne possédant plus guère que les murs de son château, laissant un nom amoindri, et dont l'honneur commençait à décroître.

Des deux enfants qu'il avait eus de son mariage, une fille et un fils, la fille devenait dame d'honneur de l'Impératrice-reine, le fils restait à Villacourt, menant bassement et grossièrement la vie de gentilhomme campagnard. Lors de l'abolition des priviléges, en 1790, il renonçait à sa seigneurie, et se mettait à vivre sur un pied d'égalité et de compagnonnage avec les paysans jusqu'en 1792, année de sa mort. Son fils Jean, lieutenant dans le régiment de Royal-Liégeois en 1787, se trouvait à l'affaire de Nancy, émigrait, faisait les campagnes de 1792 à 1801 dans la légion de Mirabeau, devenue Roger de Damas, et dans les grenadiers de Bourbon à l'armée de Condé. Le 13 août 1796, il était blessé à la tête, au combat d'Oberkamlach. En 1802, il rentrait en France avec une femme qu'il avait épousée en Allemagne, et qui mourait après lui avoir donné quatre enfants, quatre fils.

De sa blessure, il lui était resté un affaiblissement de tête qui touchait presque à l'enfance. Peu à peu le désordre croissant dans la maison sans ménagère, des habitudes de boisson et de table ouverte le forçaient à vendre le peu de terre qui entourait le château. Le château, à la longue, s'en allait morceau à morceau. On ne le réparait plus, il n'y avait plus d'argent pour faire venir des ouvriers. Le vent passait, la pluie entrait; la famille reculait à mesure, se retirant de pièce en pièce, s'abritant où le toit était encore bon. Pour lui, il ne prenait nul souci de tout cela : après deux ou trois coups d'eau-de-vie, assis, dans l'ancien potager, sur un banc de pierre, près d'un méridien où le temps avait effacé les heures, il s'épanouissait au soleil, appelant par-dessus sa haie les gens à boire. Cependant la ruine et la misère grandissaient au château. De la vieille argenterie il ne restait plus qu'un saladier d'argent dans lequel mangeait un vieux cheval ramené d'Allemagne par l'émigré, errant en liberté dans les pièces du rez-de-chaussée, et qu'on appelait Brouska.

Les quatre fils croissaient, comme le château se ruinait, au vent, à la pluie, à la dure, négligés, abandonnés par le père, à peine instruits par quelques leçons du curé. Trempés à la vie des paysans, mêlés à leurs travaux, à leurs jeux, ils devenaient de vrais paysans, les premiers du pays en rudesse et en force.

Quand le père mourait, les quatre frères, d'un commun accord, cédaient à un marchand de biens ce qui restait encore de pierres à leur château, moyennant quelques cents francs dont ils payaient des dettes criardes, et une rente de cinq cents francs qui devait s'éteindre sur la tête du dernier d'entre eux ; puis ils s'enfonçaient aux bois qui commençaient au bout de leur ancienne terre, et ils vivaient là avec les bûcherons et comme eux, faisant de leur hutte leur bauge, ayant leurs amours et leurs femmes, peuplant la forêt d'une race métis où le Villacourt était croisé de nature, le gentilhomme mâtiné de l'homme des bois, et dont la langue même n'était plus le français.

Quelques anciens compagnons d'armes de Jean de Villacourt avaient bien essayé, à sa mort, de s'occuper de ses enfants. On s'était intéressé à ce nom, de si haut tombé si bas. En 1826, on avait fait venir à Paris le plus jeune, qui n'avait guère plus de seize ans. On habillait le petit sauvage ; il était présenté à la duchesse d'Angoulême ; il paraissait deux ou trois fois dans les salons du ministre de la guerre, allié de sa famille et fort désireux de faire quelque chose pour lui ; mais, au bout d'une semaine, étouffant dans ces salons, dans ces habits, il s'était sauvé comme un petit loup ; il était revenu droit au gîte et n'en était plus sorti.

Des quatre Villacourt, un seul restait vingt ans après : c'était lui. Ses trois frères étaient morts successivement, tous trois violemment, l'un de santé, l'autre d'ivresse, l'autre de coups, foudroyés et comme arrachés de la vie. Entouré des bâtards qu'ils avaient laissés, ce dernier des Villacourt avait dans le bois la place d'un chef de tribu, quand arrivait en 1854 la loi sur la chasse. La réglementation, la surveillance, les jugements, les amendes, les confiscations, les servitudes de la chasse, c'est-à-dire de sa vie, la peur de céder à la colère et d'envoyer un jour du gros plomb à un garde, tout cela le dégoûtait de son pays, de la France, de ce coin de terre qui n'était plus à lui.

Il lui venait l'idée d'aller en Amérique pour être libre, avoir de l'espace, chasser en terre vierge et sans port d'armes. Il allait jusqu'à Paris pour s'embarquer au Havre; l'argent lui manquait pour la traversée. Il se rabattait sur l'Afrique; mais, là encore, il retrouvait la France, l'administration, le gendarme, le garde champêtre. Il essayait d'une concession, d'un défrichement, mais il n'était pas fait pour ces travaux. Puis, il souffrait du pays, du climat; il perdait aux ardeurs du ciel et du sol sa verte santé forestière. Au bout de deux ans, il revenait.

En rentrant dans sa hutte de la Motte-Noire, il y trouva la seule chose venue en son absence, un journal : c'était un numéro du *Moniteur*, vieux de plus d'un an. Il le prit pour allumer sa pipe, vit en le tordant une marque de crayon rouge, le déplia et lut à l'endroit marqué :

« *M. Mauperin* (*Alfred-Henri*), plus connu sous le nom de *Villacourt*, est dans l'intention de se pourvoir auprès du garde-des-sceaux à l'effet d'obtenir l'autorisation d'ajouter à son nom celui de Villacourt et de s'appeler désormais *Mauperin de Villacourt.* »

Il se leva, marcha, souffla, puis se rassit, et alluma lentement sa pipe.

Trois jours après, il était à Paris.

Il avait eu tout d'abord, au premier moment, en lisant le journal, l'impression d'un coup de fouet sur le visage. Puis, il s'était dit qu'on lui volait son nom, et que c'était tout, que son nom ne valait plus rien, et que c'était maintenant le nom d'un gueux. Mais cette philosophie n'avait pas duré : l'idée du vol de son nom était revenue peu à peu chez lui, plus blessante, plus amère, plus irritante. Après tout, il ne lui restait plus que cela : il n'y put tenir, et partit.

En arrivant il avait une colère de taureau. Il pensait à aller assommer ce M. Mauperin. Mais une fois dans ce Paris, dans ces rues, devant cette foule, devant tout ce peuple, ce monde, ces boutiques, cette vie, ces passants, ce bruit, il eut l'éblouissement de la bête féroce lâchée dans un grand cirque, dont la rage s'effare et qui reste court après son premier bond.

Il alla au Palais de justice dans la salle des Pas-Perdus, accosta un de ces hommes noirs qui se tiennent contre une colonne, et lui raconta ce qui lui arrivait. L'homme noir lui dit que le délai d'un an étant expiré, il n'avait pas d'autre moyen qu'un recours au conseil d'État, contre le décret en autorisation d'addition de nom, et il lui donna le nom et l'adresse d'un avocat au conseil d'État et à la Cour de cassation.

M. de Villacourt courut chez l'avocat. Il trouva un homme froid, poli, cravaté de blanc, qui, se renversant dans un fauteuil de maroquin vert, écouta, les yeux dormants, toute son affaire, ses titres, ses droits, son indignation, le bruit des parchemins qu'il feuilletait d'une main nerveuse. Rien ne remuait sur le visage de l'auditeur. Quand M. de Villacourt eut fini, il crut n'avoir pas été entendu, et se mit à recommencer. Mais l'avocat l'arrêta d'un geste, en lui disant : — Monsieur, je crois que vous gagnerez.

— Comment vous croyez!... Vous n'êtes pas sûr?

— Un procès est toujours un procès, monsieur,— fit l'avocat avec un sourire effacé d'un tel scepticisme qu'il glaça M. de Villacourt prêt à s'emporter.—Mais enfin, monsieur, toutes les chances sont pour vous, et je suis prêt à me charger de votre affaire...

— Alors voilà, — dit M. de Villacourt en déposant sa liasse de titres sur le bureau. — Je vous remercie, monsieur.

Il se leva et salua.

— Pardon, monsieur,—lui dit l'avocat en le voyant aller vers la porte. — J'ai à vous faire remarquer que dans ces sortes d'affaires, dans un pourvoi au conseil d'État, nous ne sommes pas seulement l'avocat, mais encore l'avoué de notre client. Il y a certains frais, des enregistrements, des levées d'actes... Je suis obligé de vous demander, si vous désirez que je me charge de votre affaire, de me couvrir de cela... Oh!

mon Dieu, c'est cinq à six cents francs... Cinq cents francs, si vous voulez...

— Cinq à six cents francs!... Comment! — dit M. de Villacourt en devenant rouge, — on m'aura volé mon nom, et parce que je n'ai pas lu le journal où l'homme qui me volait me prévenait qu'il allait me voler, il faut que j'aie six cents francs pour que ce coquin-là me rende mon nom!... Cinq à six cents francs!... Mais, monsieur, — dit-il en laissant tomber les bras et en baissant la tête, — je ne les ai pas.

— Je regrette mille fois, monsieur... mais la formalité est indispensable... Oh! vous ne pouvez pas ne pas les trouver, du reste... Je suis sûr que dans les descendants des familles auxquelles la vôtre a été alliée... il est impossible... On est solidaire dans de pareilles questions...

— Monsieur, je ne connais personne... et le comte de Villacourt ne demandera rien... J'avais trois cents francs en arrivant. J'ai acheté cette redingote quarante-cinq francs au Palais-Royal, en passant pour venir chez vous... Ce chapeau m'a coûté sept francs.. Où je loge, cela montera, je suppose, à vingt francs... Je mets vingt-cinq francs pour m'en retourner... Pourriez-vous avec le reste?

— Désolé, monsieur...

M. de Villacourt mit son chapeau sur sa tête et sortit. A la porte de l'antichambre, il tourna sur lui-même, revint par la salle à manger, et, rouvrant la porte du cabinet : — Monsieur, — fit-il d'une voix sourde et qu'il essayait de contenir, — pourrais-je avoir... pour rien... l'adresse de M. Henri Mauperin dit de Villacourt?

— Parfaitement... Il est avocat... Je vais trouver cela ici... Voilà... rue Taitbout, 14.

C'était là-dessus que M. de Villacourt avait couru chez Henri Mauperin.

XXXVI

Quand Denoisel entra, le soir de ce jour, dans le salon des Mauperin, il y trouva une gaieté inaccoutumée. Un air de bonheur était répandu sur tous les visages. La bonne humeur de M. Mauperin montait à ses yeux en malice rieuse. Il y avait dans la physionomie de madame Mauperin quelque chose de détendu, un épanouissement, une intime béatitude. Renée, voltigeant dans le salon, y mettait, avec ses allégresses de jeune fille, le mouvement, la vie, presque le bruit d'ailes d'un oiseau.

— Tiens! Denoisel.... — dit M. Mauperin.

— Bonjour, m'sieu! — fit Renée avec sa voix gamine.

— Vous n'amenez pas Henri? — dit madame Mauperin.

— Il n'a pas pu... Il viendra après demain... sans faute.

— C'est gentil! Ah! que c'est donc *titi* d'être venu ce soir! — reprit Renée en faisant à Denoisel les agaceries qu'on fait aux enfants pour les faire rire.

— Vous voilà, mauvais sujet!... Ah! mon gaillard...

Et M. Mauperin, lui serrant la main, cligna les yeux du côté de sa femme.

— Oui, oui... Venez un peu par ici, Denoisel, — fit madame Mauperin. — Asseyez-vous là que je vous confesse... Il paraît qu'on vous a rencontré l'autre jour au bois, en petit coupé...

Et elle s'arrêta comme fait une chatte qui boit du lait.

— Voilà ta mère partie! — dit M. Mauperin à Renée. — Elle est dans ses grandes gaietés aujourd'hui, ma femme; je vous en avertis, Denoisel!

Madame Mauperin avait baissé la voix. Penchée à l'oreille de Denoisel, elle lui contait une grande histoire gaillarde. On n'entendait que des moitiés de mots coupés de rires étouffés.

— Maman, c'est défendu, ça, de rire dans les coins... Rendez-moi mon Denoisel... où je conte, moi aussi, des histoires à papa...

— Mon Dieu! que c'est bête, n'est-ce pas? — fit madame Mauperin à la fin de son histoire en pouffant de rire, du rire charmant des vieilles femmes qui s'amusent d'un conte un peu libre.

— Êtes-vous gais tous ce soir! — laissa échapper Denoisel, que toute cette joie glaçait.

— Gais comme Pinchon! — fit Renée, — voilà notre genre... Et nous serons gais comme ça... demain... après... toujours! — N'est-ce pas, papa? — Et, courant à son père, elle s'assit sur lui comme une petite fille.

— Chérie! — dit M. Mauperin à sa fille. — Tiens! regarde un peu, madame Mauperin, te rappelles-tu? C'était son genou quand elle était petite.

— Oui, — dit madame Mauperin, — et Henri avait l'autre.

— Tiens, je les revois, — reprit M. Mauperin, — Henri était la fille... toi, Renée, le garçon... Dire qu'il y a au moins quinze ans de cela! Ça vous amusait bien quand je passais vos petites menottes sur la place de mes coups de sabre... Gueux d'enfants! ils riaient!

Et se tournant vers madame Mauperin : — Ma bonne femme, as-tu eu du mal avec eux!... Ça ne fait rien, Denoisel, c'est bon la famille : c'est le cœur qui fait des petits, ma parole d'honneur!

— Ah ça! vous voilà, — fit Renée, — on ne vous lâche plus, Denoisel... votre chambre vous attend depuis assez longtemps...

— Je suis désolé, ma petite Renée, mais vraiment... j'ai ce soir à Paris des affaires... je vous assure, vraiment!

— Oh! des affaires !... vous ? Fat !...

— Restez donc, Denoisel, — dit M. Mauperin. — Madame Mauperin a une collection d'histoires à vous raconter comme celle de ce soir...

— Oh! restez, hein? — fit Renée. — Nous nous amuserons bien, allez ! Je ne vous jouerai pas du tout de piano. Je ne mettrai pas trop de vinaigre dans la salade. Nous ferons des calembours par à peu près... Voyons, Denoisel?

— J'accepte... pour la semaine prochaine.

— Vilain ! — Et Renée lui tourna le dos.

— Et Dardouillet, — fit Denoisel, — vous ne l'avez donc pas ce soir?

— Oh ! il va venir, — dit M. Mauperin. — Après ça, il est bien capable de ne pas venir... Il est dans les travaux, dans un coup de feu de jalonnements... Je crois qu'il transporte sa montagne dans son lac, et son lac sur sa montagne...

— Bah ! mais le soir?

— Oh! le soir, on ne sait pas, — dit Renée. — Il est plein de mystère, M. Dardouillet... Mais quelle drôle de tête vous avez, ce soir, Denoisel ?

— Moi ?

— Oui, vous. Vous n'avez pas l'air folichon ; vous ne pétillez pas du tout. Qu'est-ce qui vous chiffonne ?

— Denoisel, vous avez quelque chose, — dit madame Mauperin.

— Mais rien du tout, madame, — répondit Denoisel. — Qu'est-ce que vous voulez que j'aie ? Je ne suis pas triste du tout... Je suis seulement un peu fatigué... Voilà huit jours qu'Henri me fait courir... Il a voulu avoir mon goût pour son ameublement...

— C'est vrai, — fit madame Mauperin; son visage

s'était éclairé d'un rayonnement, — c'est vrai, nous approchons... le 22 !... Ah ! si on m'avait dit cela, il y a deux ans !... J'ai peur d'être trop heureuse, ce jour-là ! Et quand nous aurons des petits-enfants, hein, Mauperin ?... — Elle ferma à demi les yeux doucement devant son avenir de grand'mère.

— En voilà que j'aurai de la peine à gâter après toi, maman ! — dit Renée. — Je vais être joliment belle, allez, Denoisel ! J'ai une robe pour la messe... on me l'a essayée hier... elle me va !... Mais dis donc, papa, as-tu un habit ?

— J'ai mon vieil habit neuf...

— Oh ! il faudra t'en faire faire un... encore plus neuf que ça... pour me donner le bras... Ah ! je suis bête, ce n'est pas à moi que tu le donneras... Denoisel, je vous retiens une contre-danse... Nous donnerons un bal, hein, maman ?

— Un bal... et tout ! — dit madame Mauperin. — On ne trouvera peut-être pas ça distingué, mais tant pis ! Moi, je veux une vraie noce... un retour de noces comme chez nous pour notre mariage, vous rappelez-vous, monsieur Mauperin ? On dansera, on mangera, on boira...

— C'est ça ! — dit Renée, — on grisera tous nos ouvriers !... et Denoisel aussi ! Ça l'égayera peut-être, d'être gris...

— Dans tout cela, je ne vois pas venir Dardouillet, — fit Denoisel en se levant.

— Que diable avez-vous tant besoin de voir Dardouillet ce soir ? — demanda M. Mauperin.

— Oui, c'est vrai, — fit Renée. — Ça ne s'explique pas... Expliquez-vous, Denoisel !

— Êtes-vous curieuse, Renée ! Une bêtise... Rien du tout... Je veux qu'il me prête son boule-dogue pour un combat de rats, à mon cercle, demain... J'ai parié qu'il en étranglerait cent en deux minutes... Et là-dessus je me sauve, bonsoir !

— Bonsoir !

— Alors, mon fils, après demain, pour sûr ? — dit sur la porte madame Mauperin à Denoisel.

Denoisel s'inclina sans répondre.

XXXVII

Arrivé au bout du village, à la petite maison de Dardouillet, Denoisel sonna. Une vieille bonne vint ouvrir : — M. Dardouillet est-il couché ? — Lui ? Ah bien ! — dit la bonne, — il fait sa vie... il trôle dans le jardin ; vous allez le trouver. — Et elle lui ouvrit la porte-fenêtre de la salle à manger.

Un clair de lune aigu tombait dans le jardin absolument nu, carré comme un mouchoir de poche et retourné comme un champ. Dans un angle, sur une butte, une silhouette noire, les bras croisés, immobile, se dressait : on eût cru voir un spectre dans un tableau de Biard. C'était M. Dardouillet.

Il était tellement absorbé qu'il n'aperçut Denoisel que lorsque Denoisel fut sur lui.

— Ah! c'est vous, mon cher monsieur Denoisel,— fit-il. — Enchanté... Tenez! — et il lui montra des terres remuées, — qu'est-ce que vous dites, vous, de ça? Voilà des lignes, j'espère... C'est d'un moelleux, d'un fondu, voyez-vous...

Et il passait avec bonheur la main dans le vide sur le projet de sa colline comme sur une croupe idéale qu'il eût caressée.

Monsieur Dardouillet... pardon, — fit Denoisel, — je viens pour une affaire...

— Le clair de lune... rappelez-vous ça, si jamais vous avez un jardin... il n'y a que cela pour voir ce que l'on fait... et juste... Le jour, on ne se rend pas compte des remblais...

— Monsieur Dardouillet, je m'adresse à un homme qui a porté l'uniforme... Vous êtes lié avec les Mauperin... Je viens vous demander de servir de témoin à Henri...

— Un duel? — Et Dardouillet boutonna avec la capsule d'un bouton l'habit noir qu'il portait été comme hiver. — Pardieu! — fit-il, — c'est de droit, ces services-là...

— Je vous emmène, — lui dit Denoisel en lui prenant le bras... — Vous coucherez chez moi... Ça doit marcher vite... Ça sera fini demain... Après-demain au plus tard.

— Bon!—fit Dardouillet en jetant un regard de regret sur une ligne de piquets commencée, dont la lune couchait les ombres par terre.

XXXVIII

En sortant de chez Henri Mauperin, M. de Villacourt songea qu'il n'avait pas d'amis, pas de témoins. Il n'y avait pas pensé jusque-là. Il se rappela deux ou trois noms qui revenaient dans les histoires de famille de son père. Il essaya de retrouver, par les rues, des maisons où on l'avait mené lorsqu'il était venu enfant à Paris. Il frappa à des portes d'hôtel; mais les maîtres étaient changés, ou ne le reçurent pas.

Le soir, il revint à son hôtel garni. Il ne s'était jamais senti aussi seul. Comme il prenait la clef de sa chambre, la maîtresse de l'hôtel lui demanda s'il ne voulait pas goûter la bière de la maison; et, lui ouvrant une porte dans l'allée, elle le fit entrer dans le café qui tenait le bas de l'hôtel.

Aux patères, des épées pendaient, des tricornes étaient accrochés. Dans le fond, à travers la fumée des pipes, se voyaient des uniformes tournant tout autour du drap râpé d'un billard. Un petit garçon malingre, à tablier blanc, courait effaré et ahuri, renversant le bain de pied des demi-tasses sur le *Moniteur de l'armée*.

Près du comptoir, un tambour-major jouait au tric-trac avec le maître du café, en manches de chemise. De tous côtés, des voix s'appelaient et se répondaient avec ce roulement qu'a le parler des soldats :

— Demain, je suis de théâtre... — Moi, je prends ma semaine... — Gaberiau, qui est maintenant suisse à Saint-Sulpice ! — Il était proposé à l'inspection pour passer... — Qu'est-ce qui est de service au bal Bourdon ? — A-t-on idée ? se brûler la cervelle quand on n'a pas une punition sur son livret !

C'étaient tous des gardes de Paris, de la caserne à côté, attendant l'appel de neuf heures.

— Garçon ! un bol de punch et trois verres ! — dit M. de Villacourt en s'asseyant à une table où étaient deux gardes.

Quand le punch fut apporté, il remplit les trois verres, en avança un devant chaque garde, et se levant :

— A votre santé, messieurs ! — fit-il en les saluant avec son verre. — Vous êtes militaires... Je me bats demain... Je ne vous fais pas l'effet d'un j...-f... Je n'ai personne... Je suis sûr qu'il y a deux témoins pour moi ici.

— Tout de même, hein, Gaillourdot ? — dit en se tournant vers son camarade l'un des gardes, après avoir regardé M. de Villacourt dans les yeux. L'autre, sans répondre, prit son verre et le choqua contre celui de M. de Villacourt.

. . . .

— Eh bien ! demain matin, à dix heures... la chambre 27...

— Suffit ! — dirent les gardes.

Le lendemain matin, au moment où Denoisel allait se rendre, avec Dardouillet, chez M. Boisjorand de Villacourt, on sonna chez lui, et les deux gardes de Paris entrèrent. Leur mission étant de tout accepter, conditions, armes, distances, les arrangements du duel étaient bientôt pris. On convenait d'une rencontre au pistolet, à marcher, à une distance de trente-cinq pas, avec la faculté pour chaque adversaire de marcher dix pas. Denoisel demandait, au nom de Henri, qu'on terminât l'affaire le plus tôt possible; c'était ce que les témoins de M. de Villacourt allaient demander : ils avaient une permission de spectacle et ne pouvaient assister M. de Villacourt que jusqu'à minuit. Rendez-vous était pris pour quatre heures aux étangs de Ville-d'Avray.

Denoisel courait prévenir un jeune chirurgien de ses amis. Il allait retenir chez un loueur une voiture douce et bonne à ramener un blessé. Il passait chez Henri qui était sorti. Il courait au tir, et l'y retrouvait s'amusant à tirer sur de petits paquets de quatre ou cinq allumettes pendues à une ficelle, qu'il allumait en touchant le soufre avec sa balle.

— Oh! ça, ça ne signifie rien, — dit-il à Denoisel, — je crois que ça s'enflamme par le vent de la balle, mais tiens...

Et il lui montra un carton dans le premier cercle duquel il venait de mettre une douzaine de balles.

— C'est ce soir... à quatre heures... comme tu voulais, — lui dit Denoisel.

— Bon, — fit Henri en rendant son pistolet au garçon, et bouchant avec les doigts deux trous dans le carton, un peu éloignés des autres : — Vois-tu, sans ces deux écarts-là, ce serait un carton à encadrer. Ah! je suis content que ce soit pour aujourd'hui...

Et il leva le bras avec le geste d'un habitué de tir qui se prépare à tirer, et agita un instant sa main pour en faire descendre le sang.

— Figure-toi, — reprit-il, — que ça ne m'a fait de l'effet, l'idée de me battre, que ce matin dans mon lit... Cette diable de pose horizontale... Je crois que ça n'est pas bon pour le courage...

On déjeuna chez Denoisel; puis on se mit à fumer. Henri était gai, expansif, parlait beaucoup. Le chirurgien arriva. Ils montèrent tous les quatre en voiture.

A mi-chemin, — on avait gardé le silence jusquelà, — Henri jeta, avec un mouvement d'impatience, son cigare par la portière.

— Donne-moi un cigare, Denoisel, un bon... Vous ne savez pas que c'est très-important pour tirer, un bon cigare? Pour bien tirer, il ne faut pas être nerveux... c'est la première condition. J'ai commencé par prendre un bain ce matin... Si vous avez le moindre ébranlement... Tenez! de conduire, c'est détestable... Les chevaux vous scient la main... Je vous défie après ça de tirer en ligne... vous avez toujours un coup de doigt... Les romans sont stupides avec leurs duels où l'on arrive en jetant les guides à son domestique... Si je vous disais qu'il y a besoin d'un système rafraîchissant? Mais c'est positif... Je n'ai jamais vu si bien tirer qu'un Anglais... mais il se couche à huit heures... jamais d'excitants... Il fait tous les soirs une petite promenade à la papa... Toutes les fois que j'ai été au tir dans une voiture dure, mes cartons s'en ressentaient... Au fait, elle est très-bonne, ta voiture, Denoisel... Eh bien, le cigare, c'est la même chose : un cigare qui se fume mal, vous êtes là à le travailler, à tout moment il faut porter le bras à la bouche, ça vous tracasse la main ; au lieu qu'un bon cigare, demandez à un tireur, c'est apaisant, ça vous met les nerfs en bon état... Il n'y a rien de meilleur que cette cadence du bras qui l'ôte et le remet en mesure. C'est lent, c'est régulier...

On était arrivé.

M. de Villacourt et ses témoins attendaient sur la chaussée entre les deux étangs.

La terre était blanche de la neige tombée toute la matinée. Le bois dressait dans le ciel des branches dépouillées, et au loin des filées d'arbres tout noirs rayaient un rouge coucher de soleil d'hiver.

On alla jusqu'au chemin du Montalet. Les pas furent comptés, les pistolets de Denoisel chargés, les adversaires mis en ligne. Deux cannes posées sur la neige marquèrent la limite des dix pas que chaque adversaire pouvait faire.

Au moment où Denoisel conduisait Henri à la place que le sort lui avait désignée, comme il lui rentrait un coin de son col de chemise qui dépassait sa cravate :

— Merci, — lui dit Henri à voix basse, — le cœur me bat un peu sous l'aisselle... mais tu seras content...

M. de Villacourt dépouillait sa redingote, arrachait sa cravate, jetait tout cela au loin. Sa chemise, largement ouverte, laissait voir sa forte et rude poitrine toute couverte de poils noirs et blancs.

Les adversaires armés, les témoins s'éloignèrent et se rangèrent du même côté.

— Marchez ! — cria une voix.

A ce mot, M. de Villacourt s'avança, marchant presque sans s'effacer. Henri, demeurant immobile, lui laissa faire cinq pas. Au sixième, il tira...

M. de Villacourt tomba, assis par terre.

Les témoins virent alors le blessé poser son pistolet, appuyer avec force ses deux pouces sur le double trou que la balle lui avait fait en lui labourant le ventre, puis renifler ses pouces.

— Ça ne la sent pas !... Je suis raté !... A votre place, monsieur ! — cria-t-il d'une voix forte à Henri qui, croyant tout fini, avait fait un mouvement pour s'en aller ; et ramassant son pistolet, il se mit à faire les quatre pas qui lui restaient jusqu'à la canne, en se traînant sur les mains et les jambes. Sur la neige, derrière lui, il laissait de son sang...

Arrivé à la canne, il appuya le coude à terre, ajusta lentement et longuement...

— Tirez donc ! — cria Dardouillet.

Henri, effacé, se masquant le visage avec son pistolet, attendait. Il était pâle, avec un regard fier. Le coup partit : il oscilla une seconde, puis tomba à plat, le visage contre terre, et ses mains, au bout de ses bras étendus, un moment fouillèrent la neige de leurs doigts crispés.

XXXIX

M. Mauperin était descendu en se levant, selon son habitude, au jardin, lorsqu'il aperçut Denoisel qui venait à lui.

— Vous ici, à cette heure-ci ? — fit-il tout étonné. Où avez-vous couché?

— Monsieur Mauperin... — dit Denoisel en lui pressant les mains.

— Quoi?... qu'est-ce qu'il y a? — fit M. Mauperin, qui sentit un malheur...

— Henri est blessé...

— Dangereusement? Il s'est battu?

Denoisel baissa la tête.

— Blessé?... Ah! il est mort !

Denoisel, pour toute réponse, se jeta dans les bras de M. Mauperin et l'embrassa.

— Mort ! — répéta machinalement M. Mauperin, et ses mains s'ouvrirent comme si elles lâchaient quelque chose. Puis, les larmes venant avec les paroles : — Et sa mère !... Henri !... Oh ! mon Dieu !... Oh ! on ne sait pas comme on les aime... A trente ans !

Et suffoquant de sanglots, il tomba sur le banc. Puis, au bout d'un instant : — Où est-il?

— Là... — Et Denoisel désigna la fenêtre de la chambre d'Henri.

De Ville-d'Avray il avait ramené le corps chez Dardouillet où il avait fait appeler, dans la soirée, sous un prétexte, M. Bernard, auquel M. Mauperin laissait une clef de la maison; et, au milieu de la nuit, pendant le sommeil de la famille, les trois hommes, ôtant leurs souliers, avaient été coucher le cadavre sur son lit.

— Merci! — lui dit M. Mauperin; et lui faisant signe qu'il ne pouvait plus parler, il se leva.

Ils firent ainsi, silencieusement, quatre ou cinq fois le tour du jardin. Des larmes revenaient de temps en temps aux yeux de M. Mauperin; mais il ne pleurait plus. Par moments, des paroles semblaient lui arriver au bord des lèvres et lui retomber dans le cœur. Enfin, d'une voix brisée, mais profonde, déchirant avec effort ce long silence, M. Mauperin dit à Denoisel brusquement, sans le regarder : — Il est bien mort?

— C'était votre fils, — répondit Denoisel.

Le père, à ce mot, leva la tête, comme si la force lui était venue de soulever sa douleur. — Allons, — dit-il, — maintenant, il s'agit de faire son devoir... Vous, vous en avez assez fait...

Et il serra Denoisel contre sa poitrine en lui pleurant dans les cheveux.

XL

— C'est un meurtre, ces choses-là! — disait Barousse à Denoisel en suivant le corps au cimetière. — Comment n'as-tu pas arrangé l'affaire?

— Après un soufflet?

— Après comme avant, — dit péremptoirement Barousse.

— Allez dire ça à son père!

— Ah! parbleu, un soldat!... Mais toi, sacristi! tu n'as jamais servi... et tu vas le faire tuer!... car, pour moi, c'est toi qui l'as tué...

— Tenez! laissez-moi tranquille, monsieur Barousse.

— Moi, vois-tu, je raisonne... j'ai été magistrat...
— Barousse avait été juge au tribunal de commerce.
— Eh bien! le duel... Vous avez les tribunaux, la justice, tout! Mais c'est contraire à toutes les lois divines et humaines, imagine-toi bien! Comment! voilà un scélérat qui me donne une paire de gifles... et il faudra encore qu'il me tue!... Ah! je te promets bien une chose... c'est que si jamais je suis juré et qu'il me tombe une affaire de duel... Pour moi, c'est de l'assassinat... Les duellistes sont des assassins... D'abord c'est une lâcheté...

— Dont tout le monde n'a pas le courage, monsieur Barousse... C'est comme le suicide, ça...

— Ah! si tu défends le suicide! — dit Barousse; et laissant la discussion, il reprit d'un ton attendri : — Un si brave garçon!... ce pauvre Henri!... Et puis c'est Mauperin... c'est sa femme... sa fille, toute une famille dans les larmes!... Non, on ne se tient pas quand on y pense... Un enfant que j'ai vu...

Barousse en parlant avait tiré à demi sa montre de son gilet : — Bon! — fit-il en s'interrompant tout à coup, — je suis sûr que ce sera vendu... J'aurai manqué l'*Assemblée au concert*... une épreuve superbe!... avant la dédicace!

Denoisel ramenait à la Briche M. Mauperin, qui, aussitôt arrivé, montait chez sa femme. Il la trouvait au lit, les persiennes fermées, les rideaux tirés, enfoncée et abîmée dans la nuit de sa douleur.

Denoisel entra dans le salon où Renée, assise sur un pouf, sanglotait, son mouchoir sur sa bouche.

— Renée, — lui dit-il en lui prenant les mains, — on l'a tué...

Renée le regarda et baissa les yeux.

— Cet homme n'aurait dû jamais rien savoir... Il ne lisait rien, il ne voyait personne, il vivait comme un loup... Il n'était pas abonné au *Moniteur*, n'est-ce pas? Vous me comprenez?

— Non, — balbutia Renée.

Elle tremblait.

— Eh bien ! il a fallu que la main d'un ennemi jetât ce journal à cet homme. Ah ! oui, vous ne comprenez pas ces lâchetés-là, vous !... Ça s'est pourtant passé comme cela... Un de ses témoins m'a montré le journal souligné à la place...

Renée s'était dressée debout, les yeux agrandis d'épouvante ; elle remua les lèvres, sa bouche s'ouvrit, elle voulut crier : C'est moi !... Puis tout à coup portant la main à son cœur comme à une soudaine blessure, elle tomba roide sur le tapis.

XLI

Denoisel vint tous les jours à la Briche s'informer de la santé de Renée. Quand elle fut un peu remise, il s'étonna qu'elle ne demandât pas à le voir. N'était-il pas habitué à être reçu par elle, lorsqu'elle était au lit souffrante, comme un ami qui fait partie de la famille ? Et dans ses maladies n'avait-il pas toujours été un des premiers appelés et accueillis par elle, son amuseur, le fou chargé d'égayer ses convalescences et de la ramener au rire de la santé ? Il bouda, puis revint. Mais la chambre de Renée resta fermée pour lui.

Un jour on lui dit qu'elle était trop fatiguée ; un autre qu'elle était en conférence avec l'abbé Blampoix. Enfin, au bout d'une semaine, il fut reçu.

Il s'attendait à une effusion, à un de ces mouvements de malades qui se reprennent à la vie en revoyant les gens qu'ils aiment. Son cœur, pensait-il, allait lui sauter au cou.

Renée lui donna une poignée de main qui ne lui serra pas les doigts, lui dit de ces mots qu'on a pour tout le monde, et, au bout d'un quart d'heure, ferma les yeux, comme si le sommeil lui venait.

Cette froideur, à laquelle il ne comprenait rien, laissa à Denoisel une irritation mêlée d'amertume. Il se sentit blessé et humilié dans la plus vieille, la plus pure, la plus sincère de ses affections. Il cherchait ce que Renée pouvait avoir contre lui. Barousse lui avait-il donné ses idées? Faisait-elle retomber la mort de son frère sur le témoin de son duel? Là-dessus, un de ses amis, qui avait un yacht à Cannes, lui ayant proposé de faire un tour de Méditerranée, Denoisel se laissa emmener.

Renée, elle, avait eu peur devant Denoisel. Elle ne se rappelait que le commencement de la crise qu'elle avait eue devant lui, la seconde qui avait précédé sa chute et son attaque de nerfs. Elle avait senti le sang de son frère l'étouffer et comme un cri lui monter aux lèvres. Avait-elle parlé? Son secret s'était-il échappé de sa bouche sans connaissance? Lui avait-elle dit que c'était elle qui avait tué Henri, elle qui avait envoyé ce journal? Son crime avait-il jailli hors d'elle?... Lorsque Denoisel entra, elle crut voir qu'il savait tout. La gêne qui le gagna bientôt, venant d'elle, cette froideur qu'elle lui donna avec la sienne, tout la confirma dans la pensée, dans la certitude qu'elle avait parlé, et que c'était un juge qu'elle avait là à côté d'elle. Au milieu de la visite, sa mère ayant voulu s'absenter un instant, elle s'accrocha à elle avec un geste de terreur.

Il lui venait bien à la pensée qu'elle pouvait se défendre, en lui disant que c'était une fatalité, qu'en envoyant ce journal, elle n'avait voulu que provoquer une réclamation, empêcher son frère d'obtenir ce nom, faire rompre ce mariage ; mais, alors, il fallait dire pourquoi elle avait voulu cela, pourquoi elle avait voulu briser la fortune, l'avenir de son frère ; il fallait tout avouer... Et l'idée seule de se défendre ainsi, même aux yeux de l'homme qu'elle estimait le plus, lui faisait horreur et la soulevait de dégoût : c'était bien le moins qu'elle laissât à celui qu'elle avait tué la paix de sa mémoire et le silence de sa mort !

En apprenant le départ de Denoisel, elle respira : il lui sembla que son secret n'était plus qu'à elle seule.

XLII

Renée se remettait. Quelques mois après, elle paraissait guérie. Toutes les apparences de la santé lui revenaient. Elle ne souffrait plus. Elle n'avait plus même cette inquiétude laissée par la souffrance aux organes qu'elle a touchés, à la vie qu'elle vient d'atteindre. Tout à coup le mal la reprenait. En montant, elle avait des étouffements précipités. Les palpitations recommençaient plus fréquentes, plus violentes; puis tout s'arrêtait encore, comme il arrive dans ces maladies dormantes qui semblent par instants oublier les malades.

Au bout de quelques semaines, le médecin de Saint-Denis, qui soignait Renée, prenait à part M. Mauperin et lui disait : — Il y a quelque chose qui m'inquiète... L'état de mademoiselle votre fille ne me paraît pas clair... Je désirerais avoir les conseils d'un médecin qui se fût particulièrement occupé de ce genre d'affections... Ces maladies de cœur ont quelquefois une marche si insidieuse...

— Oui, ces maladies de cœur... vous avez raison... — balbutia M. Mauperin.

Il ne put dire que cela. Ses anciennes notions de médecine, les doctrines désespérées de l'école de son temps, Corvisart, l'épigraphe de son ouvrage sur les maladies de cœur : *Hæret lateri lethalis arundo*, tout cela, tout à coup, se réveillait dans son esprit, nettement. Il revoyait des pages de livres pleines de terreur.

— Mon Dieu ! — reprit le médecin, — le grand danger de ces maladies est qu'elles viennent toujours de loin... Elles ont fait bien du chemin souvent quand on nous appelle. Il y a des prodromes dont la malade elle-même ne s'aperçoit pas... Mademoiselle votre fille a dû être toujours impressionnable, n'est-ce pas dès l'enfance?... des torrents de larmes au moindre reproche, le visage en feu pour un rien... et tout de suite cent pulsations... des émotions à tout bout de champ... la tête très-vive... des colères presque comme des convulsions, toujours quelque chose d'un peu fiévreux? Elle mettait de la passion dans tout, dans ses amitiés, dans ses jeux, dans ses antipathies, n'est-ce pas?... Oui, oui, c'est bien comme cela que sont tous les enfants chez lesquels prédomine cet organe et qui ont une malheureuse prédisposition à l'hypertrophie... Dites-moi, elle n'a eu, à votre connaissance, ces temps-ci, aucune grande émotion, aucun grand chagrin?

— Si... oh! si... la mort de son frère...

— La mort de son frère... oui, sans doute, — fit le médecin en ne paraissant pas attacher une grande importance au renseignement. — Mais je voulais vous demander... si, par hasard... un amour contrarié, par exemple?

— Elle?

M. Mauperin fit un mouvement d'épaules. — Contrarié! Ah! mon Dieu! — Et joignant à demi les mains, il leva les yeux en l'air.

— Au reste, — dit le médecin, — je vous demandais cela par acquit de conscience. Les accidents en pareil cas ne font que développer le germe du mal, accélérer la marche de la maladie. L'influence physique des passions sur le cœur est une théorie... On en est bien revenu depuis vingt ans... avec justice selon moi... La thèse que le cœur se déchire dans un accès de colère, dans un grand déchirement moral...

M. Mauperin l'interrompit : — Alors... une consultation... vous croyez... vous pensez, n'est-ce pas?

— Oui, monsieur Mauperin, cela vaut beaucoup mieux, voyez-vous... Ce sera une tranquillité pour tout le monde, pour vous comme pour moi... Nous prendrions je suppose... M. Bouillaud. C'est lui qui a le plus de réputation...

— M. Bouillaud, — répéta machinalement M. Mauperin en faisant un signe d'assentiment.

XLIII

Il était midi depuis cinq minutes.

M. Mauperin, assis contre le lit de Renée, tenait les mains de sa fille dans les siennes. Renée regardait la pendule. — Il va venir, — disait M. Mauperin. Elle lui répondait en baissant ses paupières doucement; et dans le grand silence de la chambre, l'on entendait, comme la nuit, la respiration de la malade, et son cœur battant avec le bruit d'une montre.

Un coup de sonnette impérieux, vibrant et net, résonna. M. Mauperin crut qu'on lui sonnait dans le corps. Un tressaillement lui fit passer jusqu'au bout des doigts comme une piqûre d'aiguille. Il alla vers la porte.

— Monsieur, c'est quelqu'un qui se trompait,— dit le domestique.

— Il fait chaud, — dit M. Mauperin à sa fille en se rasseyant. Il était tout pâle.

Au bout de cinq minutes, le domestique frappa. Le médecin attendait dans le salon.

— Ah! — fit M. Mauperin.

— Va donc, — lui dit sa fille. Puis, le rappelant : Papa! — Il revint.

— Est-ce qu'il va m'examiner? — demanda-t-elle d'un air de peur.

— Mais... je ne sais pas... je ne crois pas... Peut-être qu'il n'aura pas besoin, — dit M. Mauperin en tâtonnant le bouton de la porte.

M. Mauperin avait été chercher le médecin et l'avait laissé avec sa fille.

Il était dans le salon, attendant.

Il avait marché, il s'était assis. Il avait regardé machinalement par terre une fleur dans le tapis. Il était allé à la fenêtre, et il tambourinait, avec les doigts, sur la vitre.

Tout était comme suspendu en lui et autour de lui. Y avait-il une heure ou un instant qu'il était là? Il ne savait. Il était à un de ces moments de la vie qui n'ont plus la durée ni la mesure du temps. Il sentait toute son existence se précipiter dans son cœur. Les émotions de toute une vie se pressaient pour lui dans une minute éternelle.

Il avait l'étourdissement d'un homme qui tombe dans un rêve et qui a l'angoisse de tomber toujours. Toutes sortes de pensées sourdes, d'anxiétés confuses, de terreurs troubles lui montaient du creux de l'estomac et lui faisaient aux tempes comme un bourdonnement. Hier, aujourd'hui, demain, — le médecin, — sa fille, — la maladie, tout cela lui tourbillonnait dans la tête, se brouillait en lui, se mêlait à une sensation physique de malaise, d'inquiétude, de peur, de lâcheté. Puis, tout à coup, le jour d'une idée se faisait en lui. Il avait de ces lucidités qui traversent l'âme dans ces moments-là. Le médecin était là, il le voyait mettre l'oreille contre le dos de sa fille, et il écoutait avec lui. Il croyait entendre crier un lit sur lequel on se retourne... C'était fini, on allait venir... et l'on ne venait pas !

Il se remettait à marcher; il ne pouvait tenir en place. Des irritations d'impatience le prenaient. Il trouvait que c'était bien long ; mais tout de suite il se disait que c'était bon signe, qu'un grand médecin ne s'amuse pas à perdre son temps, que s'il n'y avait eu rien à faire il serait déjà revenu. Et il lui passait des bouffées d'espérance : sa fille était sauvée; quand le médecin allait rentrer, il allait voir sur sa figure qu'elle était sauvée... Il regardait la porte : on ne venait toujours pas. Il se disait alors que ce seraient des précautions à prendre, que peut-être elle resterait délicate, qu'il y avait bien des gens qui vivaient avec des palpitations... Et le mot, le terrible mot : *mourir*, au milieu de cela l'obsédait. Il le chassait en rabâchant en lui-même les mêmes idées de convalescence, de guérison, de santé. Il retrouvait dans sa mémoire toutes les personnes malades qu'il avait connues et qui n'étaient pas mortes. Et malgré tout : Qu'est-ce qu'il va me dire?... il se répétait cela sans cesse. Il lui semblait que cette visite n'en finissait pas et n'en finirait jamais. Et puis, par instants, il tressaillait à l'idée de voir la porte s'ouvrir. Il aurait voulu rester toujours comme cela, ne pas savoir. A la fin, l'espérance le reprenait tout entier.

La porte s'ouvrit.

— Eh bien? — dit M. Mauperin au médecin qui était sur le seuil.

— Du courage, monsieur, — lui dit le médecin.

M. Mauperin leva les yeux, regarda le médecin, remua les lèvres, mais pas un mot n'en sortit : il n'avait plus de salive dans la bouche.

Le médecin lui expliqua longuement la maladie de sa fille, sa gravité, les complications qui étaient à craindre; puis il fit une longue ordonnance en disant à chaque article à M. Mauperin : — Vous comprenez?

— Parfaitement, — répondait M. Mauperin d'un air hébété.

— Ah! ma bonne petite, nous allons donc bien aller!

Ce fut avec ces paroles que M. Mauperin rentra dans la chambre de sa fille.

— Vrai? — lui dit-elle.

— Embrasse-moi...

— Qu'est-ce qu'il t'a dit?

— Tiens, regarde! — Et M. Mauperin sourit. Il se sentait mourir.

— Ah! mais, — fit-il en se détournant et paraissant chercher son chapeau, — il faut que je me sauve à Paris pour faire exécuter ton ordonnance.

XLIV

Au chemin de fer, il aperçut le médecin qui montait dans un wagon. Il monta dans un autre. Il ne se sentait plus la force de lui parler, de le voir...

Arrivé à Paris, il entra dans une pharmacie. On lui demanda trois heures pour préparer l'ordonnance. Il dit: Trois heures!... — Mais il était heureux que cela fût si long: il avait du temps devant lui avant de rentrer.

Une fois dans la rue, il alla. Il n'avait pas d'idée suivie, mais une sorte de battement dans la pensée, sourd et continu, pareil au battement d'une névralgie. Ses sensations étaient obtuses, comme sous le coup d'une grande stupeur. Les jambes des gens qui marchaient, les roues des voitures qui tournaient, il n'apercevait que cela. Sa tête lui semblait à la fois lourde et vide. Voyant qu'on marchait, il marchait. Les passants l'entraînaient, la foule le roulait dans son flot.

Tout lui paraissait éteint, et de la couleur des choses au lendemain d'une ivresse. La rue n'avait pour lui que la lumière et le bruit d'un rêve. Sans le pantalon blanc d'un sergent de ville, qui accrochait par instants son regard, il n'eût pas su s'il faisait du soleil.

Il lui était égal d'aller à droite ou à gauche. Il n'avait le désir de rien, la volonté de rien, le courage de rien. Il était étonné de voir à côté de lui du mouvement, des gens se presser, marcher vite, aller à quelque chose. Un but, un intérêt dans la vie, il n'y en avait plus pour lui depuis quelques heures. Le monde lui paraissait fini. Il était comme un mort sur lequel eût passé l'activité de Paris. Il cherchait dans tout ce qui peut arriver à un homme ce qui eût pu le remuer, seulement le toucher, et il ne trouvait rien qui pût atteindre à la profondeur du désespoir où il était.

Quelquefois, comme s'il répondait à quelqu'un qui lui eût demandé des nouvelles de sa fille, il disait tout haut : — Oh! oui, bien malade! — et ce qu'il disait lui faisait l'effet d'être dit à côté de lui par un autre. Souvent, devant lui, une ouvrière sans châle, la taille ronde, une jeune fille, belle et gaie comme une santé de peuple, passait : alors il traversait la rue pour ne plus la voir. Un instant il fut pris de rage contre tous ceux qu'il voyait passer, contre tous ces vivants inutiles, et qui n'étaient pas aimés comme sa fille, et qui n'avaient pas besoin de vivre !

Il se trouva dans un jardin public. Un enfant vint lui poser des gâteaux de sable sur les pans de sa redingote ; d'autres enhardis s'approchèrent avec des audaces de moineaux. Puis, peu à peu interdits, lâchant leurs pelles, cessant de jouer, ils se mirent à regarder peureusement et doucement, avec des regards de petits hommes, ce grand monsieur si triste... M. Mauperin se leva et sortit du jardin.

Il avait la langue épaisse, la gorge sèche : il entra dans un café.

En face de lui il y avait une petite fille en chapeau de paille, en canesou blanc. On voyait les petites jambes de l'enfant, la chair de ses petits mollets fermes entre son pantalon à dents et son petit bas. Elle ne faisait que remuer sur son père, monter, grimper, sauter sur lui. Elle piétinait toute droite sur ses genoux. Une petite croix sautait sur la peau rose de son cou. Son père à tout moment lui disait : — Finis donc !...

M. Mauperin ferma les yeux : les six ans de sa fille étaient là devant lui ! Et tirant à lui une *Illustration*, il se pencha dessus, essaya de mettre sa pensée à regarder des images, et, à la dernière page, s'arrêta au rébus.

Quand M. Mauperin releva la tête, il s'essuya le front avec son mouchoir. Il avait deviné le mot du rébus :

Contre la mort il n'y a pas d'appel.

XLV

Alors commença pour M. Mauperin la vie douloureuse de ceux qui n'espèrent plus et qui attendent, une vie d'angoisse et de tremblement, la vie désespérée, pleine de tressaillements et toujours aux écoutes de la mort, la vie où l'on a peur du bruit de la maison et peur de son silence, peur d'un remuement dans la chambre à côté, peur des voix qui s'élèvent et qu'on entend venir; peur d'une porte qu'on ferme, peur du visage qui vous ouvre quand vous rentrez, et auquel vous demandez du regard si l'on vit encore chez vous!

Comme les gens qui sont auprès des malades, il s'enfonçait dans l'amertume des reproches qu'on se fait. Il tourmentait son chagrin en s'accusant, en se disant qu'il y avait de sa faute, qu'on n'avait point fait tout ce qu'on aurait dû, qu'elle eût peut-être été sauvée, s'il avait consulté plus tôt, si à telle époque, à tel mois, à tel jour, il avait pensé à telle chose.

La nuit, la fièvre du lit semblait donner la fièvre à sa douleur. De la solitude, de l'ombre, du silence, se levait pour lui une seule pensée, une seule image : sa fille, et toujours sa fille! Son imagination s'agitait dans l'anxiété; toutes ses craintes allaient au bout d'elles-mêmes, et son insomnie finissait par prendre, du cauchemar, l'intensité des sensations poignantes. Il avait le matin de lâches réveils où, comme un homme encore à demi endormi qui, par instinct, se retourne et fuit le jour, il se renfonçait dans le sommeil, repoussait ses premières pensées, essayait de ne pas se souvenir encore et d'échapper un instant de plus à l'entière conscience de son présent.

Puis la journée revenait avec ses tourments, et le père était obligé de se contenir, de se vaincre, d'être gai, de répondre à ces sourires de la souffrance, à ces tristes gaietés, à ces illusions défaillantes qui se suspendent à l'avenir, à ces paroles déchirantes avec lesquelles les mourants se bercent et demandent de l'espérance à ceux qui les entourent. Elle lui disait avec cette voix des malades, affaiblie, si tendre et qui s'éteint : — Est-on bien quand on ne souffre pas!... C'est moi qui vais jouir de la vie, quand je vais aller tout à fait bien...

Et lui, lui répondait oui, en mâchant ses larmes.

XLVI

Les malades croient à des endroits où l'on va mieux, à des pays qui guérissent. Il y a des lieux, des coins de terre et de souvenir qui leur reviennent avec le sourire d'une patrie et la douceur d'un berceau.

Comme des peurs d'enfant dans les bras d'une nourrice, leurs espérances se sauvent dans une campagne, dans un jardin, dans un village qui les a vus naître et qui ne les laisserait pas mourir.

Renée se mit à penser à Morimond. Elle se disait qu'une fois là, elle ne souffrirait plus. Elle le sentait, elle en était sûre. Cette maison de la Briche lui portait malheur. Elle avait été si heureuse à Morimond ! Et avec le désir de changement, le besoin de mouvement que donne la souffrance, cette idée grandissait en elle, devenait toujours plus fixe, plus ardente. Elle en parlait à son père et l'en tourmentait. Cela ne dérangerait rien : la raffinerie marchait toute seule ; son gérant, M. Bernard, était un homme de confiance, et ferait tout ; à l'automne, ils reviendraient. — Quand partons-nous, père chéri ? — elle répétait cela chaque jour avec plus d'impatience.

M. Mauperin cédait. Sa fille lui promettait tant de bien se porter là-bas, qu'à la fin il se laissait aller à la croire ; dans ce vœu, il voyait presque une inspiration de malade. Le médecin qu'il consulta lui dit :
—Oui, peut-être la campagne...— en homme habitué à ces désirs de mourants qui croient dépayser la mort en allant un peu plus loin.

M. Mauperin se hâtait de régler ses affaires, et la famille partait pour Morimond.

Le plaisir d'être partie, la petite fièvre du voyage, la force nerveuse qu'il donne aux plus faibles, l'air fouettant par la portière ouverte du wagon, soutenaient la malade jusqu'à Chaumont. Elle y arrivait sans trop de fatigue. M. Mauperin l'y laissait reposer un jour, puis le lendemain matin, il l'installait dans le fond d'une voiture, la meilleure qu'il avait pu trouver en ville, et l'on partait pour Morimond. La route était une mauvaise route départementale. Le voyage fut pénible et long. Dès neuf heures, la chaleur commença à se lever. A onze heures, le soleil brûlait le cuir de la voiture. Les chevaux suaient, soufflaient, marchaient mal. Madame Mauperin, sur le coussin de devant, sommeillait. M. Mauperin, assis à côté de sa fille, soutenait contre ses reins, avec le bras, un oreiller sur lequel elle s'appuyait et retombait après les cahots. De temps en temps elle demandait l'heure et disait : — Que ça !

Enfin, vers les trois heures on approcha. Il n'y avait plus qu'une lieue pour arriver. Le ciel s'était un peu couvert, le temps se rafraîchissait, la poussière tombait, la terre respirait. Un hoche-queue se mit à voler devant la voiture, de trente pas en trente pas, s'enlevant des tas de pierres. Une petite ligne d'ormes bordait la route, des clos commençaient dans les champs. Renée parut se ranimer comme à l'air du pays. Elle se souleva, et s'accoudant à la portière, le menton sur le dos de sa main, à la manière des enfants en voiture, elle se mit à regarder : on eût dit qu'elle aspirait ce qu'elle voyait. Et à mesure que la voiture marchait, elle disait : — Tiens, le grand peuplier de l'Hermitage qui est cassé... Il y avait des petits garçons qui pêchaient des sangsues dans cette mare... Ah ! voilà les cornouillers de M. Richet...

Au petit bois, près du village, il fallut que son père descendît pour lui cueillir sur le bord du fossé une fleur qu'il ne voyait pas, et qu'elle lui montra.

La voiture passa l'auberge sur la route, les premières maisons, l'épicier, le maréchal-ferrant, le grand noyer, l'église, l'horloger qui avait des antiquités, la ferme Pigeau. Les gens du village étaient aux champs. Des enfants qui tourmentaient un chat mouillé s'arrêtèrent pour voir passer une voiture. Un vieillard assis sur un banc devant sa porte, enveloppé d'un tricot de laine, et tremblant au soleil, ôta son bonnet. Puis les chevaux s'arrêtèrent. La portière s'ouvrit. Un homme, qui attendait devant le pavillon, prit dans ses bras mademoiselle Mauperin et l'enleva.

— Ah ! — dit-il en la soulevant, — notre pauvre demoiselle, elle ne pèse pas plus qu'une bourrée !

— Bonjour, Chrétiennot, bonjour, mon camarade, — dit M. Mauperin, en donnant la main au vieux jardinier qui avait servi sous lui.

XLVII

Le lendemain et les jours qui suivirent, elle eut de délicieux moments de réveil où la journée qui se levait, le matin du ciel et de la terre, se confondait, dans l'aube de sa pensée, avec le matin de sa vie. Ses premiers souvenirs lui revenaient dans les premiers chants du jardin. Les nids en s'éveillant réveillaient son enfance.

Soutenue, presque portée par son père, elle voulut tout revoir, le jardin, les espaliers, le pré devant la maison, les canaux ombragés, l'étang et sa grande eau morte. Les arbres, les allées, elle les reconnaissait à mesure comme des choses qu'on se rappelle d'un rêve. Ses pieds allaient tout seuls dans des sentiers effacés et qu'elle avait suivis. Les ruines lui paraissaient plus vieilles des années qu'elle avait de plus. Elle revoyait des endroits dans l'herbe où elle avait couru, et qui avaient eu l'ombre de sa robe de petite fille. Elle retrouva la place où elle avait enterré un petit chien. Il était blanc. Il s'appelait *Nicolas Bijou*. Elle l'avait bien aimé. Elle voyait encore son père le promenant dans le potager, sur son bras, après lui avoir donné un lavement.

De la maison aussi se levaient pour elle mille souvenirs. Des coins dans des pièces lui faisaient l'effet de joujoux remontés au grenier et sur lesquels on remet la main. Elle eut du plaisir à entendre la vieille girouette criarde et plaintive du vieux toit qui avait bercé à son bruit ses peurs et ses songes d'enfant.

Elle paraissait se ranimer, revivre. Le changement, l'air natal, les souvenirs semblaient distraire son mal. Cela dura quelques semaines.

Un matin, son père, à côté d'elle, dans une allée, la regardait. Elle s'amusait à couper les vieilles roses dans un massif de rosiers blancs ; sous son grand chapeau de paille transpercé de soleil, sa petite figure maigre avait la lumière du jour et la douceur de l'ombre. Elle allait gaiement, vivement, d'un rosier à l'autre ; les épines accrochaient sa robe comme si elles voulaient jouer avec elle. Et à chaque coup de ciseau, d'une branche où les petites roses se pressaient ouvertes, rosées au cœur, et toutes vivantes, tombait une rose morte, couleur de terre, pareille à un cadavre de fleur...

Tout à coup, laissant cela, Renée se jeta dans les bras de son père : — Ah ! papa, comme je t'aime ! — lui dit-elle, et elle fondit en larmes.

XLVIII

De ce jour, le mieux commença à s'en aller. Elle perdit peu à peu ces couleurs de santé que mettait à ses joues le dernier baiser de la vie. Elle n'avait plus les charmantes inquiétudes d'un corps convalescent, ce joli désir d'aller et de venir qui tout à l'heure lui faisait prendre à tout moment le bras de son père. De son âme à sa bouche ne montait plus, comme aux premiers jours, la gaieté de la souffrance oubliée, le bavardage heureux des espérances qui reviennent. Elle était paresseuse à parler, à répondre. — Non, je n'ai rien... je vais bien... elle laissait seulement cela tomber de ses lèvres avec un accent de souffrance, de tristesse et de patience. L'oppression l'accablait maintenant. C'était comme un poids qu'elle se sentait dans la poitrine et que sa respiration avait peine à soulever. Une gêne, un malaise vague, se répandant de là par tout son être et la remplissant d'énervement, lui ôtait toute énergie vitale, brisait en elle toute volonté de mouvement, et la tenait écrasée, inclinée, sans forces pour sortir et se relever d'elle-même.

Son père la décidait à se laisser poser des ventouses.

XLIX

Elle ôta son fichu avec ces gestes de malade lents, si lents qu'ils semblent douloureux. Ses doigts cherchaient, en tâtonnant et en tremblotant, les boutons et les épaulettes de sa chemise pour la faire descendre. Son père l'aida, avec sa mère, à défaire la flanelle et la ouate qui l'enveloppaient : et le pauvre petit corps, sortant à demi du linge qu'elle serrait et remontait contre sa poitrine, apparut à nu, tout frissonnant de pudeur et de maigreur.

Elle regardait son père, la bougie allumée, les papiers tortillés, les verres à bordeaux, de ce regard inquiet que font les peurs de la chair devant le feu ou le fer apprêté contre elle.

— Suis-je bien ? — dit-elle en cherchant à sourire.

— Non... Place-toi comme cela, — fit M. Mauperin, en lui indiquant comment il fallait qu'elle se mît.

Elle se retourna sur la chauffeuse où elle était assise, posa les deux mains sur le rebord du dossier, appuya la joue sur sa main, ramassa ses jambes, croisa ses pieds, et comme agenouillée et blottie dans le petit fauteuil, ne laissant voir qu'un bout de profil perdu et effrayé, elle étala ses épaules : elles avaient déjà des angles tout prêts pour le cercueil... Ses cheveux, un peu dénoués, glissaient avec de l'ombre dans le creux de son dos. Les omoplates saillaient. L'épine dorsale faisait toucher à l'œil chacun de ses nœuds. Au bas de l'épaulette de sa chemise tombée à la saignée, pointait un malheureux petit coude.

— Eh bien ! père ?

Il restait là, cloué, ne sachant à quoi il pensait. A la voix de sa fille, il prit un verre ; alors il se rappela qu'il avait acheté ces verres-là pour le dîner, le jour du baptême de Renée. Il alluma un morceau de papier, le jeta dans le verre, renversa le verre en fermant les yeux... Renée eut un sifflement de douleur, un soubresaut fit courir ses os dans son dos ; et puis elle dit :

— Oh ! bien ! j'aurais cru que ça faisait plus de mal...

M. Mauperin lâcha le verre, qui glissa et tomba : la ventouse n'avait pas pris.

— Un autre ! — dit-il à sa femme.

Madame Mauperin lui en apporta un, lentement.

— Donne donc ! — fit-il en le lui arrachant des mains.

Il avait de la sueur au front, mais il ne tremblait plus. Cette fois, le vide fut fait : la peau fronça tout autour du verre, elle leva dedans, comme aspirée par le morceau de papier noirci.

— Oh! père, n'appuie pas tant, — dit Renée qui tenait les lèvres serrées, — ôte ta main...

— Mais je n'y touche pas, — dit M. Mauperin, — tiens.

Et il lui montra ses mains.

La peau blanche de Renée montait toujours dans le verre et y devenait rouge, piquetée, violacée...

Les ventouses posées, il fallut les enlever, tirer la peau contre un des bords du verre et le faire basculer de force, de l'autre côté. Souvent M. Mauperin était obligé de s'y reprendre à deux ou trois fois, et d'appuyer durement contre cette peau si près des os...

L

Les maladies ont leur travail caché, leurs ravages sourds. Puis viennent ces horribles changements du dehors qui éteignent lentement les traits, effacent peu à peu la personne, et font, sous les premiers attouchements de la mort, comme un commencement de cadavre des corps qu'on aime.

Chaque jour, M. Mauperin cherchait dans sa fille

quelque chose qu'il ne trouvait plus et qui n'était plus en elle : ses yeux, son sourire, ses gestes, son pas, sa robe pleine et fière de ses vingt ans, toute cette jeunesse de jeune fille qui volait autour d'elle, et qui vous effleurait en passant, tout cela se voilait, s'évanouissait, disparaissait comme si la physionomie de la vie se retirait d'elle. Elle n'animait plus ce qu'elle touchait. Ses vêtements tombaient sur elle maigrement, avec les plis qu'ils font sur les membres des vieillards. Sa marche traînait et ne faisait plus sonner son petit talon. Elle avait des étreintes qui s'accrochaient maladroitement, des caresses qui avaient perdu la grâce. Tous ses gestes s'étaient resserrés : elle les ramenait sur elle-même comme quelqu'un qui a froid, ou qui craint de tenir trop de place. Ses bras, qu'elle laissait pendre, avaient l'air d'ailes mouillées. A peine si elle se ressemblait. Et quand elle marchait devant son père, le dos voûté, la taille affaissée, les bras abandonnés, la robe tombante, il semblait à M. Mauperin que ce n'était déjà plus sa fille : en la voyant, il se la rappelait!

Elle avait de l'ombre auprès de la bouche, qui paraissait entrer dedans quand elle souriait. Le grain de beauté de sa main, près de son petit doigt, s'était agrandi et était devenu d'un noir de gangrène.

LI

— Mère, c'est aujourd'hui le jour de naissance de Henry...

— Je sais, — dit madame Mauperin sans bouger.

— Si nous allions à la Vierge de Maricourt ?

Madame Mauperin se leva, sortit, et revint avec son châle et son chapeau.

Une demi-heure après, M. Mauperin aidait sa fille à descendre de voiture devant la grande porte de l'église de Maricourt. Renée alla à une petite chapelle où elle retrouva, sur un autel en marbre, la petite vierge miraculeuse de bois, toute noire, qu'elle priait, tout enfant, avec une émotion de peur. Elle s'assit sur un banc du catéchisme qui était toujours là, et dit tout bas une prière. Sa mère, à côté d'elle, debout, regardait l'église et ne priait pas. Puis, Renée se leva, et sans vouloir le bras de son père, elle traversa l'église d'un pas presque ferme, jusqu'à un petit porche latéral ouvrant sur le cimetière.

— Je voulais voir si ça y était toujours, — dit-elle à son père en montrant au milieu des ex-voto accrochés un vieux bouquet de fleurs artificielles.

— Allons, mon enfant, — fit M. Mauperin, — ne reste pas trop sur tes jambes. Rentrons maintenant.

— Oh ! nous avons bien le temps.

Il y avait un banc de pierre sous le porche, où un

rayon donnait. — C'est chaud, — dit-elle en y posant la main. — Mets-moi là mon tartan, que je m'asseye un peu... J'aurai le soleil dans le dos... Là.

— Ce n'est pas raisonnable, — fit M. Mauperin.

— Oh! pour me faire plaisir... — Et quand il l'eut assise, s'appuyant sur lui, elle laissa échapper d'une voix aussi douce qu'un soupir : — Comme c'est gai, ici!

Les tilleuls bourdonnant d'abeilles frissonnaient doucement. Des poules, dans l'herbe drue, allaient, cherchaient, picoraient. Au bas d'un mur, à côté d'une charrette et d'une charrue aux roues blanches de boue séchée, sur des souches d'arbres écorcés, des poussins s'ébattaient, des canards dormaient en boule. L'église avait comme un murmure de voix éteintes, l'azur jouait dans les vitraux. Des envolées de pigeons partaient à tout instant et couraient se nicher dans le creux des sculptures et les trous des vieilles pierres. La rivière qu'on voyait bruissait; un poulain blanc courait à l'eau, fou et tout bondissant.

— Ah! — dit Renée au bout de quelques instants; — on aurait bien dû nous faire en autre chose... Pourquoi le bon Dieu nous a-t-il faits tout en viande?... C'est affreux!...

Ses yeux étaient tombés sur un peu de terre levée çà et là dans un coin du cimetière, et que cachaient à demi deux cercles de tonneau croisés en berceaux, après lesquels montaient des liserons vivaces.

LII

Le mal ne donnait point à Renée ces contrariétés d'humeur, ces brusqueries de volonté, cette irritabilité nerveuse qui met autour des malades un peu de leur souffrance dans le cœur de ceux qui les soignent. Elle acceptait ce dépérissement d'elle-même. Elle se laissait entraîner à ce qui venait. La vie s'épanchait d'elle sans qu'elle parût la retenir et faire effort pour l'arrêter. Elle était restée caressante et douce. Ses désirs n'avaient point les exigences des suprêmes caprices. Ce qui l'enveloppait d'ombre l'enveloppait aussi de paix. Elle laissait la mort monter, comme un beau soir, sur son âme blanche.

Mais il y avait cependant des heures où la nature se réveillait en elle, où sa pensée fléchissait sous la faiblesse de son corps, où elle écoutait le sourd travail qui la détachait de la vie. Alors elle avait de profonds silences, des recueillements effrayants, de ces immobilités muettes qui ressemblent à des poses de néant. Elle passait des moitiés de jour, sans entendre sonner le temps à la pendule, à regarder, d'un regard long et fixe, dans le vide, un peu au delà de ses pieds. Et son père n'avait plus rien de son regard! Quelquefois, après deux ou trois battements des cils, elle cachait ses yeux, en fermant à demi sa paupière, et il les voyait dormir, à demi ouverts. Il lui parlait, il cherchait dans sa tête tout ce qui pouvait l'intéresser, il travaillait des plaisanteries pour l'amuser, pour qu'elle l'entendît, qu'elle parût le sentir là : au milieu de sa phrase, l'attention, la pensée, l'intelligence du visage de sa fille s'en allait de lui. Il ne sentait plus dans son affection la chaleur d'autrefois. Près d'elle, il avait froid maintenant. C'était comme si la maladie lui volait tous les jours un peu du cœur de son enfant.

LIII

Parfois aussi il échappait à Renée de ces mots avec lesquels les malades se pleurent de leur vivant, de ces mots qui ont le froid de la mort.

Un jour, son père lui lisant le journal, elle le lui prit des mains pour lire les mariages ; et au bout d'un instant :—Vingt-neuf ans... Était-elle vieille, celle-là ! —fit-elle comme se parlant à elle-même. C'étaient les décès qu'elle lisait.

M. Mauperin ne répondit pas, fit un tour dans la chambre et sortit.

Laissée seule, Renée se leva pour aller fermer la porte que son père avait mal fermée et qui battait. Il lui sembla entendre comme une plainte dans le corridor : elle regarda, il n'y avait rien ; elle écouta, le silence était revenu, et elle allait pousser la porte, lorsqu'elle crut encore entendre le même bruit. Elle s'avança dans le corridor, alla à la chambre de son père : c'était de là que cela venait. La clef n'y était pas : Renée se pencha, et, par le trou de la serrure, elle aperçut son père jeté sur son lit, pleurant et secoué de sanglots, enfonçant dans l'oreiller son désespoir et ses larmes pour les y étouffer...

LIV

Renée ne voulut plus faire pleurer son père.

Le lendemain, elle lui disait :

— Écoute bien, papa. Nous partons, n'est-ce pas? à la fin de septembre; c'est arrêté. Nous passons l'hiver en Italie. Nous allons un peu partout... un mois ici, quinze jours là,... comme nous voudrons. Et puis, je veux que tu m'emmènes à tous les endroits où tu t'es battu.. Dis donc, père, on m'a dit que tu avais été amoureux d'une princesse, là-bas... Si nous la retrouvions, hein? Où donc est-ce, déjà, à Pordenone, n'est-ce pas, que tu as reçu ces grands coups de sabre?

Et prenant à deux mains la tête de son père, Renée appuya les lèvres aux places creuses et blanches où le doigt de la Gloire avait marqué.

— Je veux que tu m'expliques tout, d'abord, — reprit-elle, — ce sera gentil de refaire tes campagnes avec ta fille... Si ça ne suffit pas, un hiver, mon Dieu ! nous en passerons deux... Et quand je serai bien remontée sur ma bête, ma foi, nous sommes assez riches, ma sœur et moi... tu t'es donné assez de mal... on vend la raffinerie, et nous venons tous ici. Nous allons deux mois à Paris nous amuser, c'est tout ce qu'il nous faut, n'est-ce pas? Comme tu aimes à t'occuper, tu reprends ta ferme au gendre de Têtevuide... Nous aurons des vaches... une belle basse-cour pour maman... tu entends, maman?... je serai à l'air toute la journée..., et je finirai par devenir trop bien portante, tu verras!... Et puis, nous aurons toujours du monde... A la campagne, on peut se donner ça..., ça ne ruine pas..., et nous serons joliment heureux, va!...

Voyages, projets, elle n'avait plus que l'avenir à la bouche. Elle en parlait comme d'une chose promise et que l'on touche de la main. C'était elle qui était l'espérance dans la maison ; et elle se cachait si bien de mourir, elle faisait si bien semblant de vouloir vivre, que M. Mauperin en la voyant, en l'écoutant rêver, se laissait aller à rêver avec elle d'années qui les attendaient, toutes couronnées de paix, de tranquillité et de bonheur. Parfois même, l'illusion que la malade faisait autour d'elle l'étourdissait un instant, et, se prenant à son mensonge, s'oubliant une seconde et se dupant elle-même, elle se disait tout bas : — Si j'en revenais, pourtant!

D'autres fois, elle retournait doucement vers son passé. C'étaient des récits, des confidences, de gais rappels, des paroles où repassaient ses joies d'enfant. On eût dit qu'elle se soulevait de l'agonie pour embrasser une dernière fois son père avec toute sa jeunesse. Elle lui disait : — Oh ! ma première robe de bal !... je la vois... en tulle rose... La couturière ne venait pas... il pleuvait. . il n'y avait pas de voiture... As-tu couru !... Étais-tu drôle en revenant avec le carton !... Tu me mouillas toute en m'embrassant, je me souviens...

Pour soutenir son père, pour se soutenir elle-même, Renée était seule et n'avait que son courage. Sa mère était bien là, auprès d'elle ; mais depuis la mort d'Henri, elle était plongée dans une apathie taciturne. Elle demeurait indifférente, muette, comme absente d'elle-même. Elle passait auprès de sa fille les jours et les nuits, sans une plainte, patiente et toujours égale, prête à tout, docile, humble comme une servante, mais il y avait je ne sais quoi de machinal dans sa tendresse. L'âme s'en était allée de ses caresses, et toutes ses douceurs étaient de celles qui ne touchent que le corps : de la mère, elle n'avait plus que les mains.

LV

Renée allait encore avec son père, en se traînant, jusqu'aux premiers arbres du petit bois. A une place, contre un chêne, sur la lisière, elle se laissait glisser, le dos contre la mousse. Des champs qui étaient à côté, le goût des foins, une odeur d'herbe, de miel et de soleil, venait jusqu'à elle. L'air des bois lui arrivait, mouillé de la fraîcheur des sources et de l'humidité des sentiers creux. Des profondeurs du silence se levait un frémissement immense et sourd, un bourdonnement ailé et qui emplissait l'oreille du bruit incessant d'une ruche et du murmure infini d'une mer. Autour de Renée, auprès d'elle, il y avait comme une grande paix vivante dans laquelle tout se balançait, le moucheron dans l'air, la feuille à la branche, les ombres sur les écorces, les cimes d'arbres dans le ciel, la folle-avoine au bord des sentiers. Puis, de ce bourdonnement sortait le soupir d'une respiration : une brise, accourant de loin, jetait en passant un tressaillement dans les arbres, et le bleu du ciel, au-dessus des feuilles agitées, paraissait plus immobile. Les branchages s'abaissaient et se relevaient lentement, une haleine passait sur les tempes et touchait le cou de Renée, un souffle l'embrassait et la soulevait. Peu à peu, elle laissait s'échapper et s'écouler d'elle la conscience de son être physique, le sentiment et la fatigue de vivre; et de délicieuses faiblesses la prenaient où il lui paraissait qu'elle était à demi détachée de son être, et toute prête à se dissiper dans la divine douceur des choses. Par moments, elle se serrait contre son père comme un enfant qui, à un coup de vent, craint d'être enlevé.

Il y avait dans le jardin un banc fait avec des pierres et garni de mousse. Après dîner, vers les sept heures, Renée aimait à s'y asseoir, et s'allongeant, renversant un peu la tête, l'oreille chatouillée par une vrille de volubilis, elle restait à regarder en l'air. On était à ces belles journées d'été qui meurent dans des soirées d'argent. Insensiblement ses yeux, ses idées se perdaient dans l'infinie blancheur du ciel prêt à s'éteindre. A mesure qu'elle regardait, plus de lumière, plus de jour se dégageait pour elle de ce jour défaillant, il en tombait plus d'éblouissement et plus de sérénité. Des profondeurs s'y ouvraient peu à peu, où il lui semblait voir trembler déjà, au frisson de la nuit, des millions de feux d'étoiles, pâles comme des feux de cierge. Et, de temps en temps, lasse de s'enfoncer dans cette clarté qui reculait toujours, aveuglée par cette poussière de soleils, elle fermait un instant les yeux devant l'abîme qui se penchait déjà sur elle et l'attirait en haut.

LVI

— Père, — disait-elle, — tu ne vois donc pas comme je suis belle? — Regarde... les frais qu'on fait pour toi...

Et nouant ses bras mollement en couronne au-dessus de sa tête, elle se laissait aller sur les oreillers et s'étalait joliment sur sa chaise-longue, la taille dénouée, le corps abandonné avec une grâce coquette et douloureuse.

Elle trouvait que le lit, l'ensevelissement du drap lui donnait l'air malade. Elle ne voulait pas y rester, et rassemblait ses dernières forces pour en sortir. Elle s'habillait vers les onze heures, longuement, lentement, héroïquement, s'arrêtant et reprenant haleine, reposant en se peignant ses bras fatigués d'être en l'air. Elle se jetait sur les cheveux une pointe de dentelle d'Angleterre; elle passait un peignoir de piqué blanc, empesé, étoffé, et se cassant à grands plis. Ses petits pieds entraient dans des souliers découverts ayant, en place de rosettes, deux bouquets de vraies violettes que Chrétiennot lui apportait chaque matin. Et pour garder cet air de vie que conservent les malades levés et habillés, elle restait jusqu'au soir allongée dans cette toilette blanche, virginale, embaumée.

— Oh! que c'est bizarre d'être malade! — dit-elle en jetant un regard sur elle et autour d'elle dans la chambre. — Je n'aime plus que les jolies choses, figure-toi... Ça me fait un plaisir à présent!... Je ne pourrais plus porter quelque chose de vilain... Tiens! il m'est venu une envie... Tu sais bien, ce petit pot-à-l'eau... à monture d'argent, si gentil... que nous avons vu chez ce bijoutier, rue Saint-Honoré, en sortant des Français pendant l'entr'acte... S'il n'est pas vendu, s'il l'a encore... tu devrais bien me le faire venir... Oh! je sens qu'il me vient des goûts ruineux, je te préviens... Je veux tout arranger ici... Ah! je deviens difficile... pour tout. J'ai des idées d'élégance... Je n'étais pas coquette du tout avant... et maintenant j'ai des yeux pour moi, et pour tout ce qui est autour de moi, des yeux !... Il y a des couleurs qui me font de la peine à présent, croirais-tu ça? et d'autres que je n'avais jamais vues... C'est d'être malade, bien sûr, qui me donne ça :. c'est si laid d'être malade! ça vous fait aimer encore plus tout ce qui est beau...

Avec cette coquetterie de la mort, ces caprices, ces délicatesses, ces élégances, d'autres sens semblaient venir à Renée. Elle devenait et se sentait devenir plus femme. Sous les langueurs et les amollissements de la maladie, son âme aimante, mais un peu mâle et violente, s'adoucissait, se détendait et s'apaisait. Peu à peu les airs, les goûts, les inclinations, les idées, tous les signes de son sexe reparaissaient en elle. Son esprit changeait en elle comme le reste. Elle perdait ses vivacités de jugement, ses hardiesses de langage. A peine si, par instants, une expression du passé lui revenait; alors elle disait en souriant : — C'est de la vieille Renée, cela!... Elle se rappelait des paroles qu'elle avait dites, des audaces qu'elle avait eues, le ton qu'elle prenait, sa familiarité avec les jeunes gens; elle n'aurait plus osé rien de cela. Elle s'étonnait d'elle-même, et ne se reconnaissait plus. Elle avait quitté ses lectures de livres sérieux ou amusants ; elle n'aimait plus que les œuvres qui font rêver la pensée, les livres qui ont des idées tendres.

Quand son père lui parlait des chasses à courre qu'elle avait suivies, de celles qu'elle suivrait, l'idée d'être à cheval lui faisait peur : elle avait l'impression de quelqu'un qui va tomber. Ces émotions, ces défaillances qu'elle ressentait dans la campagne, étaient toutes nouvelles pour elle. Les fleurs, dont elle ne s'était jamais occupée, lui étaient maintenant chères comme des personnes. Elle qui s'ennuyait des travaux d'aiguille s'était mise à une grande broderie de jupon, et cela l'amusait d'y travailler. Elle se réveillait, elle renaissait aux souvenirs de sa vie de jeune fille. Sa mémoire allait à des camaraderies de petites filles ou de jeunes personnes, à des amies qu'elle avait eues, à des endroits où elle s'était trouvée avec des femmes, à des visages qui étaient au même rang qu'elle à sa première communion.

LVII

Comme elle regardait par sa fenêtre, elle vit une fois une femme s'asseoir dans la poussière au milieu de la rue du village, entre une pierre et une ornière, et démaillotter son petit enfant. L'enfant sur le ventre, le haut du corps dans l'ombre, remuait ses petites jambes, croisait ses pieds, gigottait dans le soleil : le soleil le fouettait amoureusement comme il fouette les nudités d'enfant. Des rayons qui le caressaient et le chatouillaient semblaient lui jeter aux talons les roses d'une corbeille de Fête-Dieu....

La mère et l'enfant partis, Renée regardait encore.

LVIII

— Vois-tu, — disait-elle à son père, — moi je ne pouvais aimer personne ; tu me rendais trop difficile en fait d'affection. J'étais si sûre d'avance que personne ne m'aimerait comme toi ! Je voyais passer tant de choses sur ton visage quand j'étais là, tant de joie !

Et quand nous allions quelque part ensemble, avais-tu assez d'orgueil de moi ? Étais-tu assez fier de me donner le bras ! Va, père, on aurait eu beau m'aimer, je n'aurais jamais retrouvé mon papa ; tu m'avais trop gâtée...

—Ce qui n'empêchera pas, un de ces jours, ma bonne petite fille, quand elle ira bien, de rencontrer un beau jeune homme...

— Ah ! ton beau jeune homme, il est loin ! — dit Renée en souriant des yeux. Puis elle reprit : — Ça te paraît singulier, n'est-ce pas, que je n'aie jamais eu plus que cela envie de me marier ? Eh bien ! je te dis, c'est ta faute. Oh ! je ne regrette rien... Qu'est-ce qu'il me manquait ? Mais j'avais tout. Je ne me faisais pas l'idée d'un autre bonheur, je n'y pensais pas, je ne voulais pas changer, j'étais si bien ! Mais je te demande un peu ce que je pouvais demander de plus ? La vie, je l'avais près de toi si douce... et le cœur si content ! Oui, peut-être, — dit-elle après un instant de silence, — si j'avais été comme beaucoup de jeunes filles, avec des parents secs, avec un père pas comme toi... oui, sans doute, j'aurais fait comme les autres... J'aurais voulu être aimée, j'aurais mis dans le mariage le rêve qu'on y met... Après cela, il faut bien aussi tout te dire, j'aurais toujours eu assez de peine à être amoureuse. Ça n'a jamais été trop dans mes cordes... et ça m'a toujours un peu fait rire... Te rappelles-tu, lors du mariage de ma sœur, quand Davarande lui faisait la cour ? Les ai-je taquinés ! *Méchante,* tu sais, c'est comme cela qu'ils avaient fini par m'appeler...

Mon Dieu! j'ai eu mes idées comme tout le monde; je ne dis pas... des jours de vague, des rêves en l'air. Sans ça, on ne serait pas femme... Mais c'était tout bonnement comme de la musique dans mes pensées, qui m'aurait donné un peu de fièvre... Ça allait, ça venait dans mon imagination... mais ça ne s'est jamais posé sur la tête d'un monsieur... jamais. Et puis quand je sortais de ma chambre, c'était fini... Aussitôt qu'il y avait là quelqu'un, je n'avais plus que mes yeux... Je ne pensais qu'à regarder, pour rire ensuite... et tu sais comme ta mauvaise personne de fille savait regarder!... Il aurait fallu...

— Monsieur, — dit Chrétiennot en entr'ouvrant la porte, — M. Magu est en bas qui demande si mademoiselle peut le recevoir.

— Ah! père, — fit Renée d'un ton de prière, — pas de médecin aujourd'hui... Je ne suis pas en train... je vais bien... Et puis il renifle trop! Pourquoi renifle-t-il donc tant que ça, papa?

M. Mauperin ne put s'empêcher rire.

— Je vais te dire... Cela lui vient de courir l'hiver en carriole pour ses visites... Comme il a les deux mains prises, l'une par ses guides, l'autre par son fouet, il a pris l'habitude de ne plus se moucher...

LIX

— Est-ce que le ciel est bleu partout, père? regarde donc, — disait de sa chaise longue, une après-midi, Renée à son père.

— Oui, ma chère enfant, — répondit M. Mauperin de la fenêtre. — Il fait superbe.

— Tiens!

— Pourquoi? Est-ce que tu souffres?

— Non... Seulement il me semblait qu'il y avait des nuages, que le temps allait changer... C'est singulier quand on est malade, on dirait que le ciel est bien plus près de vous... Ah! je suis un fameux baromètre maintenant...

Et elle se remit à lire dans le volume qu'elle avait reposé sur elle pour parler.

— Tu te fatigues à lire, ma petite fille. Causons donc un peu... Donne... — Et M. Mauperin étendit la main vers le livre qu'elle laissa couler de ses doigts dans les siens. En l'ouvrant, M. Mauperin reconnut des feuillets qu'il avait pliés quelques années auparavant, pour qu'elle ne les lût pas : le pli était encore aux pages défendues.

Renée parut s'assoupir. L'orage, qui n'était pas encore dans le ciel, commençait à peser sur elle.

Elle souffrait d'une lourdeur insupportable qui l'accablait, et en même temps d'une sorte d'inquiétude nerveuse répandue dans tout son être. L'électricité flottante la pénétrait et la travaillait. Un grand silence était venu tout à coup comme chassé de l'horizon, et le souffle de recueillement passant sur la campagne l'avait remplie d'une immense anxiété. Elle regardait la pendule, ne parlait plus, remuait et déplaçait à tout moment ses mains.

— Ah! oui, c'est vrai, — dit M. Mauperin, — il y a un nuage, un gros nuage sur Fresnoy... Va-t-il! va-t-il!... Ah! il gagne... le voilà de notre côté, il vient... Veux-tu que je ferme tout, la fenêtre, les volets... et nous allumerons de la lumière... Comme ça ma grande Lili aura un peu moins peur...

— Non, — dit vivement Renée, — pas de lumière... dans le jour... Non, non... Et puis, — reprit-elle, — je n'ai plus peur... maintenant.

— Oh! c'est encore loin, — dit M. Mauperin pour parler : le mot de sa fille lui avait fait voir des cierges dans cette chambre!

— Ah! voilà la pluie, — dit Renée avec une voix où il y avait du soulagement, — c'est comme une rosée, cette pluie-là... On la boit, n'est-ce pas?... Viens te mettre là, tout près de moi...

De grosses gouttes tombèrent d'abord une à une; puis l'eau se répandit du ciel comme d'un vase qu'on renverse. L'orage enveloppait Morimond. Le tonnerre roulait et éclatait. La campagne était de feu, et puis elle était d'ombre. Et à tout moment, dans la chambre obscure, battue de clartés blafardes, des éclairs enveloppant d'un seul coup, et de la tête aux pieds, la malade étendue, immobile, les paupières baissées, jetaient sur tout son corps un linceul de jour.

Il y eut un dernier coup de tonnerre si fort, et qui éclata si près, que Renée jeta ses bras au cou de son père et se cacha la tête contre lui.

— Bétote, c'est fini, — fit M. Mauperin.

Elle, comme un oiseau qui sort un peu la tête de dessous son aile, releva les yeux vers lui, et le tenant toujours embrassé : —Ah ! je *nous* croyais tous morts ! — dit-elle avec un sourire où il y avait comme un regret.

LX

Un matin, en entrant chez Renée qui avait passé une mauvaise nuit, M. Mauperin la trouva dans un demi-sommeil. Au bruit de son pas, elle entr'ouvrit les yeux, et se tournant un peu : — Ah ! c'est toi, papa... — Et elle murmura confusément des mots au milieu desquels M. Mauperin entendit revenir le mot voyage.

— Qu'est-ce que tu parles de voyage ?

— Oui... c'est comme si je revenais de loin... de bien loin... de pays dont je ne me souviens plus...

Et ouvrant ses yeux tout grands, les deux mains

posées à plat sur les draps, elle semblait chercher où elle avait été et d'où elle venait. Un souvenir confus, une pâle mémoire lui restait d'espaces, d'étendues, de lieux vagues, de ces mondes et de ces limbes où les malades s'en vont pendant les dernières nuits qui les détachent de la terre, et dont ils sortent tout étonnés, avec l'étourdissement et la stupeur de l'infini, comme si dans leur rêve oublié avaient battu les premiers coups d'ailes de la Mort !

— Ce n'est rien, — reprit-elle au bout d'un instant, — c'est l'opium... on m'en a donné cette nuit pour dormir.

Et faisant un mouvement comme pour secouer sa pensée : — Tiens-moi la petite glace... que je fasse ma toilette... Plus haut... Oh ! les hommes, c'est-il maladroit !...

Elle fit bouffer ses cheveux en y passant ses mains maigres. Elle ramena sa fanchon de dentelle qui s'était dérangée.

— Là... maintenant... — dit-elle, — parle-moi... J'ai envie qu'on me parle...

Et elle ferma presque les yeux pendant que son père parlait.

— Tu es fatiguée, Renée, je vais te laisser, — lui dit M. Mauperin, en voyant qu'elle ne semblait pas l'entendre.

— Non ; je souffre un peu... Dis toujours, ça me distrait.

— Mais tu ne m'écoutes pas... Voyons, à quoi penses-tu, ma chère petite ?

— Je ne pense à rien... Je cherchais... Les rêves, ce n'est pas comme ça... C'était... je ne sais plus... Ah! — fit-elle sous le pincement d'une souffrance aiguë.

— Tu souffres?

Elle ne répondit pas.

M. Mauperin ne put retenir un mouvement de lèvres, et un regard de révolte jeté en l'air.

— Pauvre père, — lui dit Renée après quelques instants. — Moi, vois, je me résigne... Non, il ne faut pas en vouloir tant que cela à la souffrance... Elle nous a été donnée pour quelque chose, on ne nous fait pas seulement souffrir pour souffrir...

Et d'une voix entrecoupée, et reprenant à tout moment haleine, elle se mit à lui parler de tous les bons côtés de la souffrance, de la source de tendresse qu'elle ouvre en nous, des délicatesses de cœur et des douceurs de caractère qu'elle donne à ceux qui acceptent ses amertumes et ne se laissent point aigrir par elle. Elle lui parla de toutes les misères et de toutes les petitesses qui s'en vont de nous lorsque nous souffrons, des instincts d'ironie qu'on perd, du méchant rire qu'on dépouille, du plaisir qu'on ne prend plus aux petites peines des autres, de l'indulgence qui vient pour tout le monde. — L'esprit, si tu savais comme cela me semble bête maintenant, — lui dit-elle. Et M. Mauperin l'entendit remercier dans la souffrance une épreuve d'élection. Elle parlait de cet égoïsme et de toute cette matière dont nous enveloppe la santé, de cet endurcissement que fait le bien-être du corps, et elle disait comme dans la maladie il y a dégagement et délivrance, légèreté intérieure, aspiration de nous-mêmes hors de nous. Elle parla encore de la souffrance comme du mal qui nous ôte l'orgueil, qui nous rappelle notre infirmité, qui nous fait humains, qui nous mêle à tous ceux qui souffrent, qui nous enfonce la charité dans la chair. — Et puis sans elle, — ajouta-t-elle, — il nous manquerait quelque chose!... d'être triste...

Et elle sourit.

LXI

— Mon ami, nous sommes bien malheureux, — disait un soir, à quelques jours de là, M. Mauperin à Denoisel qui venait de sauter à bas d'une carriole de louage. — Oh! j'avais un pressentiment que vous viendriez... Elle dort... vous la verrez demain. Oh! vous la trouverez bien changée... Mais vous devez avoir faim. — Et il le fit entrer dans la salle à manger où l'on dressa un souper à la hâte.

— Voyons, monsieur Mauperin, — disait Denoisel, — elle est jeune... A son âge, il y a toujours de la ressource...

M. Mauperin posa ses deux coudes sur la table, et des larmes coulèrent lentement de ses yeux.

— Mais enfin, voyons, monsieur Mauperin, elle n'est pas abandonnée par les médecins... Il y a encore de l'espérance...

M. Mauperin secoua la tête, ne répondit pas, et continua à pleurer.

— Elle n'est pas condamnée...

— Mais vous voyez bien que si! — fit M. Mauperin en éclatant, — et que je ne veux pas vous le dire! On a peur de tout, voyez-vous, quand on en est là... Il me semble qu'il y a des mots qui font arriver les choses... et celui-là... je croirais que ça tue ma fille! Et puis un miracle, pourquoi pas?... Ils m'ont parlé de miracles, les médecins... Mon Dieu! elle se lève encore. C'est beaucoup, de se lever... Depuis deux jours, il y a du mieux, je trouve... Et puis deux en un an, ce serait trop!... Oh! ce serait trop!... Mais mangez donc... vous ne mangez rien, — et M. Mauperin mit un gros morceau dans l'assiette de Denoisel. — Enfin... Il faut être des hommes... voilà... Qu'est-ce qu'il y a de nouveau à Paris?

— Rien... je ne sais rien... J'arrive des Pyrénées... C'est madame Davarande qui m'a lu une de vos lettres... mais elle est loin de la croire si souffrante...

— Vous n'avez pas de nouvelles de Barousse?

— Si... je l'ai rencontré en allant au chemin de fer... Je voulais l'emmener... mais vous savez, Barousse... rien au monde ne lui ferait quitter Paris pour huit jours... Il faut qu'il fasse tous les matins sa tournée sur les quais... L'idée de manquer une gravure à toute marge...

— Et les Bourjot? — demanda M. Mauperin avec un effort.

— On dit que mademoiselle Bourjot ne se marie toujours pas.

— Pauvre enfant! elle l'aimait.

— Quant à la mère... c'est tout ce qu'il y a de plus triste, à ce qu'il paraît... une fin affreuse... on parle de désordres, d'excès... de folie... Il est question maintenant de l'enfermer dans une maison de santé...

LXII

— Renée, — dit le lendemain M. Mauperin en entrant dans la chambre de sa fille, — il y a quelqu'un en bas qui voudrait te voir.

— Quelqu'un? — Et elle regarda longuement son père. — Je sais qui : c'est Denoisel... Tu lui as écrit?

— Pas du tout. Tu ne me demandais pas à le voir. Je ne savais si ça te ferait plaisir. Il est venu de lui-même... Est-ce que ça te contrarie?

— Mère, donne-moi mon petit fichu rouge... là... dans le tiroir, — dit-elle sans répondre. — Il ne faut pas lui faire peur non plus... — Et son fichu noué en cravate : — Maintenant amène-le bien vite.

Denoisel entra dans la chambre imprégnée de cette

vague odeur des jeunes malades qui met dans une pièce comme une senteur de bouquet fané et de fleurs mourantes.

— C'est gentil, — dit-elle, — d'être venu... Tenez, j'ai mis pour vous ce fichu-là... vous m'aimiez avec...

Denoisel se pencha sur ses mains et les embrassa.

— C'est Denoisel, — dit dans le fond de la chambre M. Mauperin à sa femme.

Madame Mauperin ne parut pas entendre. Puis au bout d'un instant, elle se leva, alla à Denoisel, lui donna un baiser mort et retourna dans le coin d'ombre où elle se tenait.

— Eh bien! comment me trouvez-vous? N'est-ce pas que je ne suis pas si changée? — Et sans lui laisser le temps de parler : — C'est que j'ai un vilain papa qui me trouve toujours mauvaise mine... et qui est entêté! J'ai beau lui dire que je vais mieux... il me soutient que non. Quand je serai guérie, vous verrez qu'il voudra toujours me croire malade...

Et voyant Denoisel regarder son bras près du poignet que découvrait un bouton de manchette défait :

— Oh! — fit-elle en le reboutonnant bien vite, — j'ai un peu maigri... mais ce n'est rien... je me remplumerai... Te rappelles-tu notre bonne histoire à propos de ça, tu sais, papa?... dont nous avons tant ri... chez le fermier de Breuvannes, chez Têtevuide, à ce dîner, tu sais bien? Figurez-vous, Denoisel, ce brave homme nous gardait des écrevisses depuis deux ans. Au moment de nous mettre à table, papa lui dit : — Ah ça! où est votre fille, Têtevuide? J'entends qu'elle dîne avec nous... Est-ce qu'elle n'est pas ici? — Mais si, monsieur. — Eh bien! qu'elle vienne, où je ne touche pas à votre soupe. — Là-dessus, le père s'en va à côté; nous entendons parler, pleurer, ça dure un quart d'heure. Il revient tout seul en nous disant : C'est qu'elle n'ose pas... Elle dit comme ça qu'elle est trop maigre!... Mais dis donc, père, cette pauvre maman qui n'a pas quitté la chambre depuis deux jours... Maintenant que j'ai un garde-malade, si tu lui faisais prendre un peu l'air?

— Ah! ma bonne Renée, — lui dit Denoisel quand ils furent seuls, — vous ne savez pas comme cela me fait plaisir de vous voir comme cela, de vous retrouver avec cette gaieté! Oh! c'est bon signe... cela va aller mieux, c'est moi qui vous le dis, et avec les soins de ce bon papa, de cette pauvre maman, et de votre vieille bête de Denoisel qui se met en pension ici avec votre permission...

— Vous aussi, mon pauvre ami?... Mais regardez-moi donc!

Elle lui tendit les deux mains pour qu'il l'aidât à se retourner un peu sur le côté, de manière à lui faire face et à avoir la figure au jour. — Me voyez-vous bien à présent?

Le sourire avait glissé de ses yeux, de sa bouche. La vie était subitement tombée de ses traits comme un masque.

— Eh bien! oui, — dit-elle en baissant la voix, —

c'est fini, et je n'en ai plus pour longtemps!... Oh! je voudrais que ce fût demain... Je n'en peux plus, voyez-vous... de faire ce que je fais... je n'en peux plus de les remonter tous ici... je n'ai plus de forces, je suis à bout... et j'ai hâte d'en finir... Il ne me voit pas, n'est-ce pas?... Je ne peux pas le tuer d'avance, voyez-vous! Quand il me voit rire... il a beau me savoir condamnée, il ne sait plus, il ne voit plus, il ne se rappelle plus! Eh bien! il faut que je rie... Ah! ceux qui s'en vont comme ils veulent... finir en étant tranquille... mourir... à son aise, dans son coin, la tête contre le mur... mais c'est doux, ça! mais ce n'est rien de s'en aller comme ça!... Enfin, le plus fort est fait... Et puis vous voilà... vous me donnerez du courage... Si je faiblis, vous serez là pour me soutenir... Et quand... quand je m'en irai... je compte sur vous... Vous resterez auprès de lui les premiers mois... Ah! ne pleurez pas, — dit-elle, — vous me feriez pleurer!

Il y eut un instant de silence.

— Déjà six mois de l'enterrement de mon frère! — reprit Renée. — Nous ne nous sommes revus qu'une fois depuis ce jour-là. L'affreuse crise que j'aie eue, vous rappelez-vous?

— Oui, oui, je me rappelle bien, — dit Denoisel.
— Ça m'est revenu assez souvent... Je vous vois encore, ma pauvre enfant, avec le geste d'horrible souffrance que vous avez fait, avec vos lèvres qui voulaient appeler, parler, et qui ne pouvaient pas prononcer une parole...

— Et qui ne pouvaient pas prononcer une parole, — fit Renée en répétant les derniers mots de Denoisel. Elle ferma les yeux, sa bouche eut pendant une seconde le murmure d'une prière. Puis, avec une expression de bonheur qui surprit Denoisel, elle lui dit : — Ah ! que je suis heureuse de vous voir, mon ami !... A nous deux, nous aurons du courage, vous verrez... Et nous les attraperons bien, les pauvres gens !

LXIII

Il faisait d'étouffantes chaleurs. Le soir on laissait les fenêtres de la chambre de Renée ouvertes, et l'on n'allumait pas de lampe, pour ne pas attirer les papillons qui lui donnaient de grandes peurs. On causait, puis à mesure que le jour s'éteignait, les paroles tombaient avec les pensées dans le recueillement des heures sans lumière et des rêveries voilées. Tous les trois ne se disaient bientôt plus rien ; ils restaient muets, respiraient le ciel, s'abandonnaient au soir. M. Mauperin tenait seulement la main de sa fille, et de temps en temps la pressait. L'obscurité venait. Toute la pièce s'assombrissait. Couchée sur sa chaise longue, Renée disparaissait dans la vague blancheur de son peignoir. Il arrivait un instant où l'on ne distinguait plus rien, et où la chambre se mêlait au ciel. Renée alors se mettait à parler d'une voix basse et pénétrante. Elle avait de douces et hautes paroles, des paroles tendres, émues et graves, qui tantôt ressemblaient au chant d'une belle conscience, et tantôt retombaient autour d'elle ainsi que des consolations d'ange. Ses pensées s'élevaient, en pardonnant à toutes choses; par moments, ce qu'elle disait arrivait à l'oreille de plus loin que la terre, de plus haut que la vie, et peu à peu, une sorte de terreur sacrée, faite des solennités de l'ombre et du silence, de la nuit et de la mort, descendait dans la chambre où M. Mauperin, madame Mauperin et Denoisel écoutaient tout ce qui s'envolait déjà de la mourante dans cette voix!

LXIV

Aux murs le papier montrait des bouquets dénoués, des blés, des bluets, des coquelicots. Au plafond, un ciel était peint, léger, matinal, plein de vapeurs. Entre la porte et la fenêtre, un prie-dieu en bois sculpté, avec un coussin en tapisserie, avait comme une place amie, familière et discrète dans un coin : au-dessus brillait, à contre-jour, un bénitier de cuivre qui représentait le baptême de Jésus par saint Jean. A l'angle opposé, une petite étagère suspendue au mur avec des cordons de soie, laissait voir des dos de livres, penchés l'un sur l'autre, et des cartonnages en toile d'ouvrages anglais. Devant la fenêtre encadrée de plantes grimpantes qui se rejoignaient en haut et trempaient dans la lumière le bord de leurs feuilles, un miroir garni de velours bleu posait sur une toilette à dessous de soie recouvert d'une guipure, au milieu de flacons à bouchons d'argent. La cheminée, en retour et dans un pan coupé, avait sa glace entourée du même velours tendre que le miroir de la toilette. Aux deux côtés de la glace étaient une miniature de la mère de Renée encore jeune, avec un fil de perles au cou, et un daguerréotype de sa mère plus âgée. Au-dessus, un portrait de son père, en uniforme, peint par elle, et dont le cadre était incliné, semblait se pencher sur toute la chambre. Une servante de bois de rose portait, devant la cheminée, le dernier caprice de la malade : le pot à l'eau et la cuvette de Saxe qu'elle avait désirés. Un peu plus loin, près de la seconde fenêtre, étaient accrochés les souvenirs rapportés par Renée dans sa jupe d'amazone, ses reliques de courses et de chasse, des cravaches, un fouet des Pyrénées ; des pieds de cerfs tressés avec des rubans bleu et nacarat laissaient pendre une petite carte qui disait le jour et le lieu où la bête avait été forcée. Au delà de la fenêtre, un petit secrétaire qui avait été le secrétaire de son père à l'école militaire, avait sur sa tablette des boîtes, des paniers, les cadeaux des premiers jours de l'an passés. Le lit n'était que mousseline. Au fond et comme sous l'aile de ses rideaux, tous les livres de messe que Renée avait eus depuis son enfance, étaient rangés sur une étagère algérienne à laquelle des chapelets pendaient. Puis venait une commode, surmontée d'une étagère qu'encombraient mille riens, des petits ménages de poupée, des petites choses de verre, des bijoux de boutique à cinq sous, des joujoux gagnés à des loteries, jusqu'à des animaux faits en mie de pain cuite au four avec leurs quatre pattes en allumettes, tout ce petit musée d'enfantillages, que les jeunes filles font des petits morceaux de leur cœur et des miettes de leur vie!

La chambre rayonnait. Midi l'emplissait de chaleur et de clarté. Auprès du lit, sur une petite table arrangée en autel et couverte d'un linge, deux bougies brûlaient, dont les flammes palpitaient dans le jour d'or. Un silence de prière, coupé de sanglots, laissait entendre derrière la porte le pas lourd d'un prêtre de campagne s'éloignant. Puis tout se tut, et les larmes s'arrêtèrent tout à coup autour de la mourante, suspendues par un miracle de l'agonie.

En quelques minutes, la maladie, les signes et l'anxiété de la souffrance s'étaient effacés sur la figure amaigrie de Renée. Une beauté lui était venue presque soudainement, une beauté d'extase et de suprême délivrance, devant laquelle son père, sa mère, son ami étaient tombés à genoux. La douceur, la paix d'un ravissement était descendue sur elle. Un rêve semblait mollement renverser sa tête sur les oreillers. Ses yeux, ses yeux grands ouverts, tournés en haut, paraissaient s'emplir d'infini; son regard, peu à peu, prenait la fixité des choses éternelles.

De tous ses traits se levait comme une aspiration bienheureuse. Un reste de vie, un dernier souffle tremblait au bord de sa bouche endormie, entr'ouverte et souriante. Son teint était devenu blanc. Une pâleur argentée donnait à sa peau, donnait à son front une mate splendeur. On eût dit qu'elle touchait déjà de la tête un autre jour que le nôtre : la Mort s'approchait d'elle comme une lumière...

C'était la transfiguration de ces maladies de cœur qui ensevelissent les mourantes dans la beauté de leur âme, et emportent au ciel le visage des jeunes mortes!

LXV

Ceux qui voyagent au loin ont peut-être rencontré dans des villes ou dans des ruines, une année en Russie, une autre en Égypte, deux vieillards, un homme et une femme qui semblent marcher devant eux, sans regarder et sans voir. C'est le ménage Mauperin. C'est ce père et cette mère. Ils sont seuls. L'enfant qui leur restait, la sœur de Renée, est morte en couches.

Ils ont tout vendu, et sont partis. Ils ne tiennent plus à rien. Un pays les mène à un pays, un lit d'hôtel à un lit d'hôtel. Ils vont comme les choses déracinées et jetées au vent. Ils errent, ils tournent dans l'exil de la terre, fuyant des tombes et portant des morts, essayant de lasser leur douleur à la fatigue des chemins, traînant à tous les bouts du monde leur vie pour l'user.

FIN

Paris. — Imprimerie P.-A. Bourdier et Cie, rue Mazarine, 30.

www.ingramcontent.com/pod-product-compliance
Lightning Source LLC
Chambersburg PA
CBHW070752170426
43200CB00007B/751